沈克勤 著

南海諸島主權爭議述評

臺灣學生書局印行

序

一九六〇年初，我進入外交部工作，適值南海風雲驟起，菲、越窺伺西、南沙群島，引起國際交涉。我為辦案需要，翻查檔卷，看到義大利前駐廣州總領事羅斯先生（Giuseppe Ros）生前搜集大量南海歷史文物資料，死後所收藏的文物流散坊間。外交部葉公超部長聞悉，斥資搶購到若干斷簡殘篇。讀後感觸良深，引起我對南海問題研究的興起。

一九六六年秋，我奉派赴泰工作，前後歷二十年，每次飛越南海上空，憑窗俯瞰，見海天一色，浪濤洶湧，深知此一廣闊浩瀚海洋，自古以來即為我中華民族生存發展之所。今後海洋時代來臨，如何維護我中華民族此一生存發展海域，乃係今日中華兒女不可怠忽的責任。

一九七二年春，我自澳洲調部任職，再度查閱南海全部檔卷四十餘冊，筆記其中史料要點，寫成草稿，留作日後研究查考。一九七四年，復至台北中央圖書館搜集有關南海的古籍，編成《南海諸島歷史叢書》十五冊，交由台灣學生書局出版，對外公開發行，受到中外學術界重視，很快銷售一空。

一九八九年夏，我自泰調至行政院任職。一天，李煥院長交下美國國務卿舒茲來函，大意謂在今日全球化的趨勢下，國家主權意識已漸淡化，期盼海峽兩岸應和緩主權爭執，加強經濟整合，共謀和平合作發展。引起我對國家主權問題的研究，乃撰寫「主權的意義及其演變」一章，置於弁首，作為引言。企望藉此淡化主權意識，能以獲致「擱置主權爭議，共謀經濟發展」的共識，以為南海諸島主權爭議解決之途徑。

我關注中國南海問題歷半個世紀，前因冗務繁忙，卻少時間深入研究探討，待我撰寫本書時已是垂暮之年。白髮窮經，力不從心，不僅記憶衰退，行文遲鈍，客居外邦，問道無人，更缺乏參考書籍資料。幸承外交部劉達人大使、內政部地政司張維一司長、政治大學雷飛龍教授、廈門大學李金明教授、美國大學翟文伯教授，分別提供珍貴資料。愛女康麗為我從電腦中下載許多專家學者的論文，始能完稿。復承名書法家阮大仁博士題寫書名，為拙著增光生輝，同表感謝。

自知難免錯失，尚希關心南海問題人士有以教正。

沈克勤

二○○八年九月十二日於金山矽谷慕慈齋

南海諸島主權爭議述評

目次

第一章　國家主權

第一節　國家主權的意義及其演變

國家主權（Sovereignty）的意義，是一國政府對其國內人民及領土具有專屬（Monopoly）管轄權。所謂專屬管轄權有兩層意義：就國內法而言，是一國政府依據憲法所行使的行政、立法及司法權；就國際法而言，所謂主權獨立，是一國內政不受他國干涉及其領土不受他國侵犯。

國家主權的觀念，是法國名政法學家丹丁（Jean Bodin）首先於一五七五年提出，待十七、十八世紀民族國家興起，公法學家均認為國家主權具有「至高、絕對及無限的統治權」。所謂「絕對」權力，就是政府施政具有完全而無限制的自由行使其專屬的強制力，管理公眾事物。❶

國家主權是從私權觀念演繹而出。從私權觀念來觀察國家主權，國家主權可分為對其領土及人民的所有權（主權）及治權（管轄權）。中外歷史上，因為戰爭勝負而改變國家的領土主權，不勝枚舉。中國在甲午戰爭中失敗，將台灣及澎湖列島割讓給日本，第二次世界大戰，日本投降，始將台澎列島歸還中國。一國領土的所有權可以出售，例如法國於一八〇三年將路易斯安納地區（The Louisiana Territory）出售給美國，蘇俄在一八六七年以七百二十萬美元的價格出售阿拉斯加給美國，現今均成為美國的一州。一國領土的治權也可以出租，中國曾將香港出租給英國，租期一百年，由英國治理，中國仍保有所有權（主權），待一九九七年七月一日租期屆滿，中國收回香港主權自行治理。一國主權也可分裂成為兩國，各有其主權，例如在第二次世界大戰後，經戰勝國協議決定，韓國分裂成為南北韓，越南分裂成為南北越，德國分裂成為東西德，各自擁有主權。現今越南和德國均已統一，主權又合而為一。而今南韓與北韓同是聯合國會員國，仍各有主權，可以說是兩個主權國家（Two States of one Country）。可見一國主權，可以分，也可以合。中國歷史上，分分合合，亦曾多次發生，惟中國的分裂，多係內戰的結果。今日中國大陸與台灣仍在分裂狀態，依照國際法的規定，乃是兩個政府共有一個國家主權（Two Govermments of one Country），各在其所佔地區行使國家部分主權及管轄權。

所謂國家主權，實是公法學家為了解說十七世紀歐洲各民族國家的興起而虛擬的學說。實際上，國際社會自古以來，都是強欺弱，暴凌寡。近百年來，中國主權受到列強的侵犯不可勝數，最著者如列強壓迫中國開放港口商埠，任意在中國境內駐軍，在中國各大城市分設租界，列強國民在中國享有治外法權，類此侵犯中國主權事項，不勝枚舉。由此可知，強國過度擴張其主權，必將對於弱國造成嚴重傷害。十九世紀以來，歐洲帝國向世界各地擴張，侵犯弱小國家的領土主權，成為其殖民地，壓迫其人民，強奪其資源財富，達於極點。第二次世界大戰之後，殖民地人民起而反抗，紛紛宣佈獨立。

人類經過兩次世界大戰浩劫，死傷慘重，戰後為免災難重演，共同組成聯合國來維持和平，凡屬會員國均負有遵守聯合國憲章的義務，各會員國的立法與行政均不得與聯合國憲章的規定相違背，是則各國的治權都受國際法的約束。甚至各個國家為了謀求國際共同利益，而自願放棄國家一部分管轄權，例如參加「世界貿易組織」的國家，須降低關稅，開放市場；又如美蘇兩國簽訂「中程核子武器條約」，讓對方派員檢查軍事基地與核爆現場，都是在國際社會的要求中，對其本國的自主權加以限制。而且世界上絕大多數國家都是聯合國各專門機關的會員國，均承擔有各種國際義務，因而它們在國際社會及其國內的行政自由都受到明確的限制。今天我們若說：一個國家的主權，其意義就是在國際法規定的範圍內國家享有的剩餘權力（residuum of power），❷也許更為精確。

在當前這個時代，由於科技發展神速，人類已經進入太空時代，國與國間依存關係密切，往昔國家領域管轄權的傳統觀念，亦隨之有大改變。因為今日國家對於在其國境內之人、事、物，已不能完全控制。例如意識觀念的交流，金錢財物的流通，網路資訊的傳播，飛彈衛星的飛越，疾病傳染、跨國犯罪等，已不受國界的限制。

現今國際間有一新趨勢，認為人權超越國家主權，任何國家違反人權，都會受到國際社會的譴責與干涉。例如一九九九年，北約國家出兵干涉南斯拉夫，阻止其殘殺柯索夫境內的阿爾巴尼亞人民。由於人類對於環境保護意識普及，任何國家都須遵守國際間所簽訂的各項環保公約，不得任意排放廢棄毒物，污染人類賴以生存的自然環境。至於自然資源乃人類共同資產，任何國家不得違反世界公意，濫肆開發。今天世界已經形成為一個地球村，電訊傳播，無遠不屆，天涯真若比隣，各國人民休戚相關，禍福與共，人民對國家主權的意識將會逐漸淡化。國界藩籬的重要性日漸式微。

現今國際社會各個國家為謀經濟發展，而把本國經濟發展和地區共同發展相結合，即國家利益和地區共同利益相結合，因而把國家主權觀念轉變為地區共有的主權，歐盟就是一個顯明的例證。

二次世界大戰後，法國外交部顧問孟納（Jean Monnet）為了消弭法德兩國宿仇，共謀戰後經濟復興，倡議成立媒鋼共營，將兩國煤和鋼鐵的產銷置於一個超國家組織「歐洲媒鋼共同體」的管轄下經營。從一九五〇年代開始，逐步發展，繼建立「歐洲原子能共同體」，用「主權讓渡」的方法，創造出「歐洲經濟共同體」。經過半個世紀的共同努力，發展成為今天的「歐洲聯盟」（European Union）。這種超國家組織的「共同主體」，在建立過程中，由所有參與國家，自願讓渡出一部分的國家管轄權，交由「共同體」來行使，各國人民得以享有長久的和平與繁榮。

歐盟簽訂條約及其制定的法規，會員國政府及人民必須遵守，例如歐洲人權公約

（European Convention of Human Rights）。會員國家人民凡有涉及有關歐盟的法律爭訴，必須同時申請歐洲法院（European Court of Justice）裁決。會員國制定的法律，除非明示與歐盟法律有所不同外，均假定與歐盟法律並無牴觸，如果會員國法律與歐盟法律有明顯不同時，則優先適用歐盟法律。

現在歐盟是一超國家組織的「共同體」，是參與國家共有的「法人主體」，所有參與者都以共同利益為主，視共同需求，讓渡出一部分的國家主權，是故會員國必須取消關稅，讓貨暢其流；取消通關限制，讓人民自由來往，可在各國自由工作，讓人盡其才；發行共同貨幣歐元，制定共同外交及軍事政策，使歐盟成為所有會員國共有的一個強大的主權法人（Stronger Sovereign Entity），會員國仍保有其自己主權，只是自願讓出其一部分治權，接受它的共管，獲得互助合作共贏的好處。歐盟會員國共享權利，而又不損其主權獨立。這是各會員國樂於參加的主因。如今歐盟已成為世界上最強勢的政治和經濟的共同體，而每一成員國雖不失其各自獨立的「主權國家」。但其主權的意義已演化成為「責任主權」（Responsible Sovereignty）。每一會員國須對國際社會負擔其應盡的責任。今後歐盟憲章如能獲得會員國全體批准通過，則歐盟將成為一個超國家組織（Supranational Entity）。❸

二〇〇七年十二月十三日，歐洲聯盟二十七國領袖在葡萄牙簽署里斯本條約，等於是一部精簡的歐洲憲法，由會員國推選一位主席，任期五年，另設立一位外交首長，十八位部長，對司法、警察等五十多項政策由多數決定。歐洲議會有權修正或否決歐盟的法律。

此一條約經所有會員國批准後生效，訂於二〇〇九年完成，它將不會改變會員國的國家主權，但將邁向一個歐盟聯邦，形成一個「超級國家」，以解決超越國家界限的各種共同問題，例如環保、能源、武器競賽等，在「超級國家」之下的大小國家，在政治上仍保有自主權，在經濟上則形成共同體，達成共存共榮目標。歐洲各國已將數世紀來的敵對化為合作互助關係，也可培養出真正而全面的共同體意識。

二〇〇八年三月三十日，歐盟申根公約（Shengen Agreement）擴大適用範圍，歐盟和美國簽訂的「開放天空」協議正式生效，今後歐盟二十七個會員國的航空業者可從其本國任何城市，飛往美國任何航點，而美國航空業者也可飛往歐盟會員國家的任何航點，這樣參與國均自願放棄其國家自主的航權，大西洋兩岸天空自由開放了，國家疆界也就淡化消失了。

東南亞國協（ASEAN）於一九六七年八月在泰國曼谷成立，原始成員國為印尼、馬來西亞、菲律賓、新加坡、泰國五國，汶萊於一九八四年參加，越南於一九九五年參加，寮國與緬甸於一九九七年參加，一九九九年柬埔寨參加，共有十個成員國。東協高峰會於二〇〇七年十月二十日在新加坡舉行，會中印尼、菲律賓、汶萊、新加坡、馬來西亞、泰國、越南、柬埔寨、寮國、緬甸十個成員國政府首長簽署「東協憲章」，明確規定東南亞國協的戰略目標、原則、地位及組織架構，並加強努力維護東南亞地區和平、安全與穩定，以及經濟一體化建設。這是東協成立四十年來首次簽署對成員國具有普遍約束力的法律文件。同時還簽署了「東協共同體藍圖宣言」，去除各國之間的貿易障礙，形成一個單一市場，使貨品、服務、投資、技術及人才自由流通，則人才、資金及產業已無國界可分，邁向經濟一體化，形成類似歐盟的經濟共同體。

緊接著於同年十月二十一日，舉行東亞高峰會，會中東南亞國家協會十個成員國加入中、日、韓、印度、澳洲、紐西蘭六國政府首長簽署「氣候變遷能源和環境宣言」。關於能源方面，將共同合作，聯合研發低排放技術，更清潔利用石油資源，以提高能源利用效率，同時採取具體措施發展生物燃料等再生和替代能源。並在國際原子能機構框架內，在確保安全和不擴散的條件下，合作開發和利用核能。關於保護環境方面，決定採取具體措施減少溫室氣體排放，強化科技人才交流，共同探討應付氣候變遷的措施，加強合作保護森林及海洋生態，提高應付氣候災害能力，這是邁向「亞太共同體」的第一步。期望亞太地區在二〇二〇年之前，能成立一個與歐洲聯盟結構類似的「亞太共同體」。

倘東亞各國將來能以建立緊密的經濟共同體，則南海主權爭議國為了謀求共同利益，讓渡其在南海所爭執的主權及管轄權，則南海將可成為和平之海，不難實現。

註釋：

❶ Charles R. Beitz: *Sovereignty and Morality In International Affairs, In Political Theory Today,*

Stanford University Press, Stanford, California, 1991, P.237-254.

❷ J. G. Starke: *An Introduction to International Law, Ninth Edition*, Butterworths, P.95-103.

❸ 雷飛龍著：歐洲聯盟的興起與展望論文，載於台灣商務印書館印行的《慶祝朱建民教授百齡誕辰學術論文集》第一八一—二三八頁。

第二節　國家領土主權的取得與變更

所謂國家的領域，是國家在其領域內享有行使主權的權利以完成其任務的空間範圍。領域是一國領土、領水、領空的統稱。

領土主權的取得，有五種取得的方式：即先佔、合併、添附、時效及轉讓。其中先佔和佔領之後的有效的行政管理最為重要。佔領意指佔領一個地區，而有效管理一個地區須經過一段長時期而無任何國家反對。

先佔與合併是對該領土作「有效取得」的行為；添附被認為是現有真正主權的領土逐漸增加的部分，例如通過築堤或沿海土地向海洋自然延伸的土地；時效是指在一塊領土上繼續而和平的行使主權已歷一段很長的時間；轉讓必須事先認定出讓國須具有效處理該轉讓領土的權力。這些方式在本質上乃是要求主權的國家須對該領土行使有效控制（effective control）與權力，或證明其具有主權的權力。

先佔（occupation）是指一國在新發現的土地上建立主權。依照國際法，常適用有效佔領原則，以決定一塊領土是否被某一國家所先佔。國際法學家認為僅是發現一塊無主的土地，只能取得「初步的權利名義」（inchoate title），主張主權國家在其發現之後，應有㈠意思表示，㈡必須實際佔有或控制，方可取得對這塊土地的主權。

國際法學權威學者奧本海姆（L. Oppenheim）於其所著《國際法》一書中明白指出「佔有」（Possession）與行政措施（Administration）為構成「先佔」之兩個主要條件；佔有須在領土上有實際之「定居」，並具有取得該地主權之意思；此項意思通常以「升旗」或「公告」表示之，此種形式上之行動僅能構成假設之佔領。除非在該佔領之領土上有實際之行政措施以維護佔領國之權威，始取得真正的主權。

因時效而取得主權名義，必須具備四項要件：㈠提出主權名義的要求；㈡和平而未中斷；㈢公開；㈣經過相當長久的時間，至於這個時間需要多久，可由國際司法機關決定。最重要的問題，在於公開而和平的行使實際主權。

對於長期佔據以取得領土而言，眾所週知其條件必須為有效佔領。但是在海洋上，其情形便不必都是如此。在海洋上，國家的某些活動，往往會為它創立些特別權利。有時候，國家並未能正確地意識到其本身的活動，或者並未覺得需負有表明其取得主權的意願，不能夠就被推定它棄權或無表示，因為在某些情形裡，棄權或表示，只是由於短時期內沒有需要。但是，我們可以指明，經過悠久時間之後，國家間的關係日益增繁，其競爭的活動日益加劇，以及圍繞著這些關係與活動的顯著性，被認定為歷史權利的確定。仲裁法庭的裁決，特別為這種長期使用的情勢，曾一貫地認可了「不擾亂既定者」。

歷史權利的確立，與嚴格意義的取得時效不同，它得適用於某些領土，其從前曾否屬於他國無法予以證明，由於它基於歷史性，對於某些海洋區域的使用，可得被承認屬於其歷史權利，故又與先佔不同。它還與國際的承認相異，因為它不僅得以嚴格意義的默認，而且還得以較容易地以相對的悠久時期沒有遭遇到反對。就海洋區域而言，世界其他各國，都未表示反對，該國經證明長期使用這片海洋區域，即被視為取得這片海域的主權。❶

至於領土主權的變更，以往多是戰爭的結果，戰勝國取得戰敗國的領土主權，在中外歷史上不勝枚舉，常為國際社會所接受。再有一個國家常將其領土的一部分租借或抵押給一個國家，例如十九世紀末葉，中國在列強的爭奪下，曾將其重要港口租給俄、法、德、英等國。一九四〇年，英國將其在大西洋西部的基地，租給美國，以交換對德戰爭中迫切需要的五十艘美國驅逐艦。一國領土亦可交由他國管理，例如葡萄牙人於十六世紀來華，擅自佔據澳門，作為通商自由港。一八八七年中葡簽訂「和好通商條約」，清廷確認葡國永遠管理澳門。一九八七年三月二十六日，中葡協議於一九九九年十二月二十日澳門歸還中國。還有一種情形，薩爾（Saar）在一九三五年交還給德國之前，委託國聯管理。因此，一國對其固定領土的主權，得交由他國行使，或將其收回行使，亦可將其主權的部分權利

讓與他國或國際組織行使，現行國際法，並無限制。❷

註　釋：

❶ 韋雷爾著，雷崧生譯：《國際公法之理論與現實》第一七六—一八一頁，台灣商務印書館。

❷ 沈克勤編譯《國際法》第一五四頁，台灣學生書局。

第三節　國際法有關海洋島嶼的規定

聯合國《海洋法公約》於一九九四年十一月十六日生效，在序言中說明：海洋是人類共同財產，規定海洋中島嶼領土爭議應和平公允解決，並規定島嶼所屬國家有權開發其自然資源，對島嶼主權及資源的爭議訂有解決機制。現今中國南海中的南沙群島的主權爭議是一項最大的挑戰。

南沙群島主權及資源爭議涉及中國、台灣、越南、馬來西亞、汶萊、菲律賓六國，南沙群島的島嶼礁灘共有一百多個，最大的太平島面積只有五平方公里，其他都是蕞爾小島，就土地而言，沒有多大價值，主要的爭議在南沙群島的戰略位置及其潛在蘊藏的石油及天然氣。

依照海洋法公約有關島嶼的規定，沿海一帶水域屬於沿海國家所有，是基於理性與歷史等因素而形成。在一九八二年簽訂的海洋法公約第二條規定：沿海國的主權及於其陸地領海及其內水以外鄰接的一帶海域，稱為領海。此項主權及於領海的上空及其海床（Sea bed）和底土（subsoil）。第三條規定：每一國家領海的寬度，從基線量起不超過十二海浬。毗連區為從基線量起不超過二十四海浬，可以行使主權及管轄權。一國領海以外並鄰接領海的一個水域是該國經濟專屬區，第五十七條規定：專屬經濟區從測算領海寬度的基線量起，不應超過二百海浬。

海洋法公約對於群島及其水域亦有新創制。第四十六條規定：群島是指一群島嶼，包括若干島嶼的若干部分相連的水域和其自然地形，彼此密切相關，以致這種島嶼、水域和其自然地形，在本質上構成一個地理、經濟和政治實體，或在歷史上已被視為這種實體。這裏特別強調「在本質上」或「在歷史上」已經形成為一實體群島國（entity）。

為解決群島水域範圍大小問題，海洋法公約採用直線基線劃法。海洋法公約第四十七條規定：群島國可劃定連接群島最外線和各乾礁的最外線各點的直線為群島基線。依此劃定的群島基線所包圍的水域，稱為群島水域。惟水域和陸地之比，介於一比一及九比一，而南沙群島陸地少於五公里，水域面積約一〇三、〇〇〇公里，水域與陸地之比遠低於規定，故南沙群島不構成群島水域。

海洋法公約對於領海以外的大陸架（Continental Shelf）制定新規定。第七十六條第一款規定：「沿海國的大陸架包括其領海以外，依其陸地領土的全部自然延伸，擴展到大陸邊外緣的海底區域的海床和底土，如果從測算領海寬度的基線量起到大陸邊的外緣的距離不到二百海浬，可擴展到二百海浬的距離。」最遠不能超過三百五十海浬。沿海國可開發大陸架的自然資源。

沿海國在專屬經濟區內的權利、管轄權和義務，依照海洋法公約第五十六條規定：「沿海國在專屬經濟區的權利並不相等於領土主權，但具有以勘探和開發、養護和管理專屬經濟區內上覆水域和海床及其底土的自然資源為目的的主權權利，並對人工島嶼和設施的建造和使用、海洋科學研究、以及海洋環境保護和保全具有管轄權。」

中國南海的中部地區，有西沙群島和南沙群島，依照海洋法規定，它們都具有二百海浬的專屬經濟區，而這些經濟區必然與周邊國家的經濟區重疊，以致於使原來已存在的領土爭議更加激化。正如美國海軍部研究員丹尼爾·庫爾特所說：「專屬經濟區的建立和海上管轄範圍的相應擴大，已使南中國海成為世界上最大的爭議區，大多數重疊區域的爭議至今仍得不到滿意的解決。」❶

海洋法公約第一二一條第二款規定：島嶼同其他領土一樣，可擁有領海、毗連區、專屬經濟區和大陸架。但在第三款規定：「不能維持人類居住或其本身的經濟生活的岩礁，不應有專屬經濟區或大陸架。」至於如何界定島嶼和岩礁，將影響到海域的劃界，尤其是在南海擁有眾多島礁的海域，勢將成為引起爭議的焦點。

聯合國海洋法公約雖然已被世界上絕大多數國家所接受，然而海洋法公約也引起新的爭議，例如公約僅承認每個國家可擁有專屬經濟區和大陸架的主權權利，但對於因劃分專屬經濟區和大陸架而引起的爭議沒有明確的解決辦法；對於「島嶼」與「岩礁」沒有明確的界定，也沒有規定「維持人類居住或其本身的經濟生活」的具體標準。對於「群島水域」與「內水」也無明確劃分，因而使南海地區的主權爭議更加複雜化。

依照國際法及最近島嶼主權仲裁決定：均謂佔領島嶼之條件，照佔領時之國際法之條件，中國自秦漢以來，閩粵漁民每年定時往來西南沙捕魚為生，視其為固有疆土，無庸「切實佔領」，更無庸「周知第三國」，鄰近國家也從未聞有何異議。而實質上之荒廢，亦並不足構成放棄，因我國從無放棄意思之表示。

南沙群島內的島嶼大概可分為三種類型：第一，這些島嶼因其面積非常有限，不能維持人類居住或其本身的經濟生活，黃岩島就屬於這種類型。第二，東沙島、太平島、南威島、中葉島、東島、和永興島可以維持人類居住或其本身的經濟生活，依法可以擁有專屬經濟區和大陸架。第三，在西沙群島和南沙群島中的岩礁，因其不具備島的條件，這樣它在南海可擁有五百米安全區。另外，在西沙群島和南沙群島中還有許多低潮高地，其中如西沙群島的浪花礁、北礁和盤石礁；南沙群島的六門礁、光星仔礁、蓬勃礁、南華礁、半路礁、東門礁、日積礁和渚碧礁等，這些低潮高地如果是在一個島嶼的十二海浬之內，只能作為測算領海的基點，例如位於宣德群島和永樂群島十二海浬之外的北礁，則沒有它自己的領海。如果一個低潮高地位於一個國家領海之內，原則上它只能被這個國家用來作為擴張其海區的基點，其他國家不能聲稱其擁有主權。至於南海中許多從未露出水面的高地，如南沙群島西南部的人駿灘、李準灘、西衛灘、廣雅灘、南薇灘和萬安灘，依法它們更無權取得領海。尤其是南沙群島的奧援暗沙和禮樂灘，西沙群島濱湄灘，據報導佔領國在灘上建築設施，依照海洋法第六十條規定，這些設施本身更無權擁有十二海浬領海，亦不能擁有五百米的安全區，更無助於其開發海洋資源的權利。

南海周圍某些國家為其佔據的岩礁上創造「人類居住條件」，強行向島上移民，如菲律賓政府於二〇〇二年九月，由海軍一艘戰艦，運送九十名菲人，包括六戶漁民，至南沙群島中的希望島居住。菲律賓政府採取這種人為的創造人類居住條件，根本不能作為提高岩礁在國際法上的權利。「人類居住」的標準，應為自足自給的永久居住，燈塔看護人或靠外界供給糧食的駐軍及移民，均不能視為適合人類永久居住的條件。

海島所屬的國家對其海島及相連的水域享有的主要權利：

㈠漁捕權：海島所屬的國家得將其所屬海島水域內的漁捕，保留與其本國人民從事作業，並應承認直接相鄰國家在海島水域內的某些範圍的傳統捕魚權利和其他合法活動。

㈡航行權：海島所屬國家對其海島水域所行使權利，與其對於領域其他部分所行使的主權原無差別，惟其他國家的船舶及飛機均享有通過群島及其水域的無害通過權。

㈢海底資源開發權：近年由於科學技術的進步，因而海島及其水域所屬的國家，均主張對其所屬海島及鄰近水域之下的海底資源，享有專屬的勘探及開發之權，他國不得主權國之特許，自不得進行勘探與開發。

近年南沙諸島海底發現蘊藏有大量石油，引起國際間的覬覦及鄰近國家的主權爭議。海洋法公約規定：締約國對於任何爭端，負有和平解決的義務。當爭端不能以協商獲得解決，經爭端任何一方的請求，用書面聲明的方式，將爭端提交下列一個或一個以上途徑解決：

(一)國際海洋法法庭；

(二)國際法院；

(三)組成仲裁法庭；

(四)組成特別仲裁法庭。

在一九八二年海洋法公約第二七九條至二九九條為國際爭端規定了司法或仲裁解決程序，除現有國際法院外，在公約生效後六個月內另創「海洋法法庭」（International Tribunal for the Law of the Sea），「仲裁法庭」（Arbitral Tribunal）及「特別仲裁法庭」（Special Arbitral Tribunal）。各國在簽署、批准或加入該公約時，或在其後任何時間，得以書面宣告方式自由擇定其中一種或多種法庭，以便當事國與接受同樣法庭管轄的另一締約國之間發生海洋法爭端時，經由爭端一方之要求而提交相關國際法庭審斷。若某爭端之各當事國並未選擇任一法庭，或所選法庭不同時，則該爭端應交由附件七所規定之仲裁法庭審斷。

該等強制司法及仲裁法院或法庭之管轄，均限於涉及一九八二年海洋法公約之適用或解釋，或涉與該公約之宗旨有關之國際協定的解釋或適用的爭端。反之，凡是涉及專屬經濟區內海洋科學研究之決定權或生物資源主權等的爭端，均不屬此等法院或法庭之管轄範圍；對於涉及海域劃界條款之解釋與適用的爭端，以及涉及歷史性海灣或所有權的爭端，每一締約國更得於簽署、批准或加入該公約時，或其後任何時間，以書面聲明不接受強制司法或仲裁程序。由此可見涉及南海島礁領土主權的爭端，自非任何此種司法、仲裁或和解程序所能管轄。❷

從法律觀點言，爭議當事國負有談判的義務，不過「談判義務」並不等於負有「協議之義務」。換言之，當事國縱能以誠信的態度進行談判，但並不一定能夠達成協議，解決爭端。尤其在複雜的南沙群島領土主權紛爭中，各國如果堅持自己的領土主張，則無論雙邊或多邊談判，皆不易獲致協議。❸

註釋：

❶ 李金明撰〈海洋公約與南海領土爭議〉論文，廈門大學東南亞研究中心印行。

❷ Daniel Y. Coulter: South China Sea Fisheries: Countdown to Calamity in *Contemporary Southeast Asia*, Vol.17, No.4 March 1996, P.378.

❸ 俞寬賜撰《南海領土紛爭及其化解途徑之析論》論文第十五—十七頁。

第四節　國際解決島嶼主權爭議案例

從來國際間解決領土爭端都是透過國際法院或相關的仲裁法庭，訴請依據相關的國際法原則仲裁領土糾紛。

解決島嶼主權爭議，過去有案例可循，做為解決南海島嶼主權爭議的參考。

㈠美國與荷蘭爭奪在菲律賓南方的波瑪斯島（The Island Palmas）主權案，雙方同意仲裁，美國聲稱波瑪斯島是西班牙在十六世紀發現的，美國與西班牙戰爭結束，西班牙將波瑪斯島讓給美國，而荷蘭聲稱波瑪斯島是當地土著酋長獻給荷蘭東印度公司。裁判員審查雙方的申訴，將波瑪斯島判給荷蘭，理由是西班牙雖發現該島，但未採取充足保護措施阻止荷蘭使用該島，因而仲裁法庭裁決荷蘭擁有該島的主權先於西班牙及其後續的美國。

㈡法國與墨西哥爭奪太平洋上克里普敦島（Clipperton Island）主權案，法國聲稱法國海軍軍官於一八五八年發現並測量該島，但未曾使用，當法艦駛抵夏威夷時，曾在報上宣告該島為法國所有，迄至一八九七年法艦前往該島視察，發現島上有三名美國人在島上挖掘鳥糞，法國立即向美國提出抗議，美國答覆說，它既未授權給這三位美國人，亦未聲稱該島屬於美國。一個月後，一艘墨西哥船隻駛抵該島，強迫美國人在島上懸掛墨西哥國旗，宣稱該島屬於墨西哥，法國聞及此事，遂向墨西哥提出抗議。雙方同意將此爭議交付仲裁，仲裁員判決該島歸於法國，理由是法國發現該島後曾公開宣告該島為法國所有，當發覺美國人未經授權在島上開發資源，隨即提出抗議，法國遂未利用該島，但它曾採取充足保護措施，排斥該島被外人侵犯。

㈢常設國際法院在判決挪威與丹麥爭奪東格林蘭島案（Eastern Greenland）中顯示，由於該島位置遙遠，氣候惡劣，丹麥為維護其主權，無庸佔領，只要對侵入者提出抗議或加以排斥，即可維護其主權。丹麥提出各項證據，證明它具備上述兩項要件。

㈣馬來西亞與印尼雙方協議，把位於馬國沙巴州與印尼接壤水域上的「西巴丹島」與「里吉坦島」的主權爭議，提交國際法院審議。二〇〇二年十二月判決兩島主權歸屬於馬來西亞。

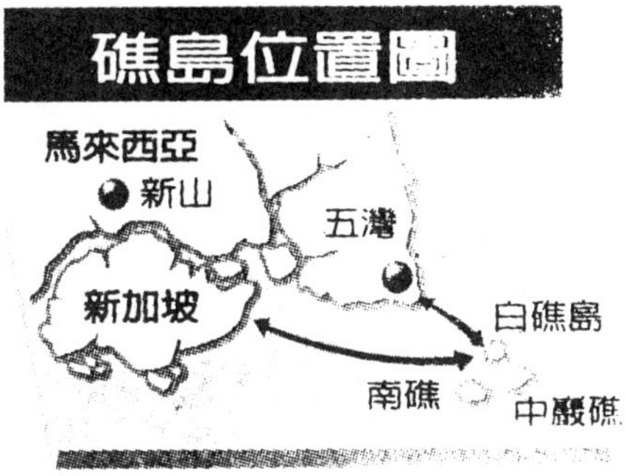

資料來源／取材自網路

㈤馬來西亞與新加坡兩國同意將其有主權爭議的珊瑚礁提交國際法院審議。二〇〇八年五月二十三日判決「白礁」主權屬於新加坡，「白礁」附近的「中岩礁」則屬於馬來西亞，另一小島「南礁」，因為退潮才會出現，退潮時在那一國海域，該島就屬該國所有。新馬兩國對於國際法院此項判決，均表接受。

就上述五個案例得到的結論是：一個國家為維護其對島嶼的主權，需要於發現之後建立其主權名份，除非該島不能維持人類生活，更需有效行使並保護其主權。

檢討中越兩國對南沙群島的主權爭執，中國聲稱中國在公元前兩世紀時即發現並使用該群島，從公元前一百一十一年開始，曾多次派員前往探查，海南島漁民每年前往捕魚，利用南沙島嶼避風或居住。一八八三年，中國宣稱南沙群島為其屬地，獲得歐洲各國的承認。德國船隻於一八八三年在南沙群島勘測，中國政府曾提出抗議，予以阻止。英法船隻巡弋南沙群島時，均證實島上有中國漁民。一九三二年法國佔領南沙九小島時，曾遭到中國政府的正式抗議。更重要的，廣東省政府曾於一九二一及二三年期間，五次核發執照，准許國人開發該島資源。第二次世界大戰後，日本曾將其所佔南海諸群島交還給中華民國，而非法國，越南聲稱它是繼承法國，而法國在一九三三至三九年期間擅佔南沙九小島時，中國政府曾提出嚴重抗議與交涉。一九五六年南越派兵佔領南沙若干島礁，並將其合併為南越領土。一九七五年越南統一後，派兵佔領更多南沙島嶼。綜合以上所述，中越尋求解決南沙群島主權爭議，依照國際法，雙方如果同意，可以交付裁決，中國勝算較大。

第二章　南海諸島地理概況

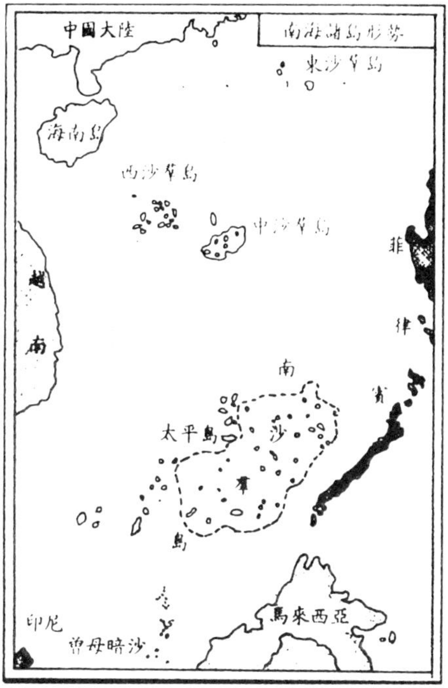

南海諸島位於中國東南方廣闊浩瀚的海域，北起北緯 21° 附近的北衛灘，南至南緯 3°40′ 附近的曾母暗沙，西起東經 109°30′ 的萬安灘，東至 117°50′ 的黃岩島，由二百多個島嶼、沙洲、礁灘所組成。其範圍在台灣海峽南端和廣東南部海岸北緯 23 以南，曾母暗沙北緯 4° 以北，印度尼西亞納土納群島和越南南部海岸東經 108° 以東，馬來西亞沙撈越、北婆羅洲、汶萊和菲律賓巴拉望、呂宋島海岸東經 120° 以西，包括東沙群島、西沙群島、南沙群島、中沙群島和位於中沙東南的黃岩島，即通常所稱的「南海諸島」。其海域東西距離為一三八〇公里，南北距離為二三八〇公里，總面積約三五〇萬平方公里。約為中國全國陸地面積九百六十萬平方公里的三分之一。其地理位置是溝通太平洋和印度洋的重要航道，並是聯繫亞、非、歐三洲的海上樞紐。

南海群島地質，全部由珊瑚礁構成。珊瑚礁乃珊瑚蟲之遺體。珊瑚蟲為海蟲動物，體小而軟，具胃口及觸手，以捕取食物，喜群居，多叢集於海底之固定土石上，而向上生長。珊瑚蟲吸取水分中之碳酸氫鈣（$Ca(HCO_3)_2$），而排出碳酸鈣，以組成其骨骼。軟體附於骨骼之外表，逐漸成長。新體甫生，舊體即死，積久則成巨厚之骨骼。珊瑚蟲之生長，以爭取溫度（海水溫度在攝氏二十度以上）及食物，多向上生長及向兩側伸展，致使石質基盤繼續增加。珊瑚之骨骼，其狀分枝而成樹枝狀，高者可達十五尺，或聚集成半球狀，直徑達十五・六尺。

碳酸鈣之基盤，雜以泥沙及其他海生動物之介殼及骨骼等，堆積漸厚，再經自然之壓力，復經溫暖海水為之膠結，乃變為白色固體之石灰岩，其上復有珊瑚叢生，是即為珊瑚礁。以珊瑚蟲不能久離海水生活，故所成之礁不能高出於低潮水面，而略略隱覆於水面下，呈一廣平台狀地形。廣平礁台形成之後，再經海波之衝擊，將其他珊瑚骨骼、礁岩、岩塊、泥沙，及其他動物介殼遺骸等物，漂流至礁台之上，堆積漸高，而礁台之中心部先露出海面，成為珊瑚島。因是此類島嶼面積多屬狹小，島周圍之珊瑚盤多極廣寬。各島露出水面日久，熱帶林木叢生。

隱沒於水面下者，有灘、暗沙與礁三種地形。其在水面下較深處之珊瑚礁，呈廣寬之台狀者謂之灘（Bank）。由大灘又向上生長，高突距水面較近者謂之暗沙（Shoal）。至所謂礁（Reef）者，係指隱伏於水面下近處之珊瑚而言。

其露出於水面之上雖高潮亦不能淹沒者，其地形又有島與砂洲之別。砂洲（Sand cay）為新出海面之島。沙洲再經久堆積而成島嶼（Island），高度多在四五公尺之間，島上多為平頂，周圍有狹長之白色沙帶環繞，珊瑚礁依其形狀，可分為裙礁、堡礁及環礁三種。散佈在南海中的島嶼礁灘約有二百六十多個，有高出水面十公尺者，以四、五公尺最為普遍。西沙群島中最大的永興島，高出水面五公尺，面積七·四方市里。南沙群島中最大的太平島，高出水面四公尺，面積一·七方市里。❶

南海各島之土壤多珊瑚礁及介殼類殘骸風化而成，故多細沙及礫沙。就其化學成分而言，其中所含石灰質極多，又因其突出海面不高，面積狹小，故含鹽分豐富，土質常有鹹味，不甚適宜一般農作物之種植。但熱帶植物椰子、木瓜、芭蕉則繁殖快速，灌木叢生，其根莖根葉之腐爛而成腐質者，積存既久，雜草下之土地，多呈黑褐色。南海各島多為海鳥棲息之所，積年累月，堆積之鳥糞極豐，其狀細者如粉末，大者呈塊狀，其色呈現樱、灰、或白或黑，土壤顏色因之亦同。

南海諸島鄰近赤道，全部屬熱帶氣候，以圜島皆係海洋，受海水調劑，一年中寒暑之差極少，平均在攝氏二十六至二十八度之間，終日海風徐徐，絕無嚴寒溽暑之苦。

南海季候風，東北信風由十月初至翌年三月續吹不息，南西候風，普通四月後半開始，至五月末最盛，以六、七、八較強。故我國沿海漁民，多於每年十一月啟航赴南海諸島捕魚，翌年四、五月間攜魚獲回航，在南海各島停留約半年之久。

南海雨量充沛，平均年約一八五〇公釐以上，全年降雨日平均約一七〇天左右，五月至十一月為雨季，十二月至翌年三月為乾季，雨量較少，夏季多陣雨，冬季多微雨，除颱風外，少有綿延達三四日者。

南海諸島物產分述如下：

㈠動物：南海諸島以鳥糞著稱，鳥糞概由鰹鳥科之一種白腹鰹鳥所排洩，此外有海燕一種，獸類中多鼠，爬蟲類有蜥蜴，昆蟲類蝶蛾亦多，惟無毒蛇蚊蠅。

㈡各島植物種類不多，喬木有三亞權一種高三數丈，灌木屬於大戟科桑科皆有，亦有相思樹，什草中有羊齒類一種、禾本科一種、馬齒莧科一種。林島有椰樹數株，珊瑚島有棕樹三株，皆高十丈左右。

㈢水產：南海海域是最大的熱帶海洋魚場，魚產種類近千種，其中二百多種具經濟價值。各島周圍深海中有海藻、海茉、海草、海棉、海參、海膽、珊瑚、蝶螺、蚌蛤、墨魚、巢蟹、海龜，玳瑁、魚蝦、石斑魚、九孔等。世界上可供食用的海參共四十多種，南海海域就有二十多種。其中尤以龜之數量極多，大者重逾百斤。海南漁民，春來捕龜，秋來拾蚌，收穫均極豐富。

從地質觀點言，南沙群島附近乃台灣淺灘向西南延伸，轉延至南沙群島西南與南方的弧形隆起構造高區帶。此一構造高區帶與南沙海域海底山間各小型沉積盆地，均有利於油氣貯藏。據中國地質部門預測，南海油氣資源主要分佈在二十四個沉積盆地。總面積約七十二萬平方千米，油氣儲量約四百二十億噸。

自第二次世界大戰結束以來，由於近海石油鑽探技術的驚人發展，以及世界各國對於石油需求量日益增加，使國際上一些石油公司紛紛在南海群島附近海域進行探勘與開發。據統計，越南、馬來西亞、菲律賓和印尼已在南沙群島及其附近海域鑽了一百二十一個油井和天然氣井。❷儘管這些群島確有石油和天然氣，也不值得冒戰爭的危險爭奪。

註釋：

❶ 沈克勤編《南海諸群島文獻彙編》之十，鄭資約編著《南海諸島地理誌略》第二－六頁，台灣學生書局。

❷ 李金明著：《南海爭端與國際海洋法》第十－十一頁。

第一節　東沙群島

東沙群島是南海諸島中最北的一個群島，由東沙島和北衛、南衛兩個珊瑚島組成。

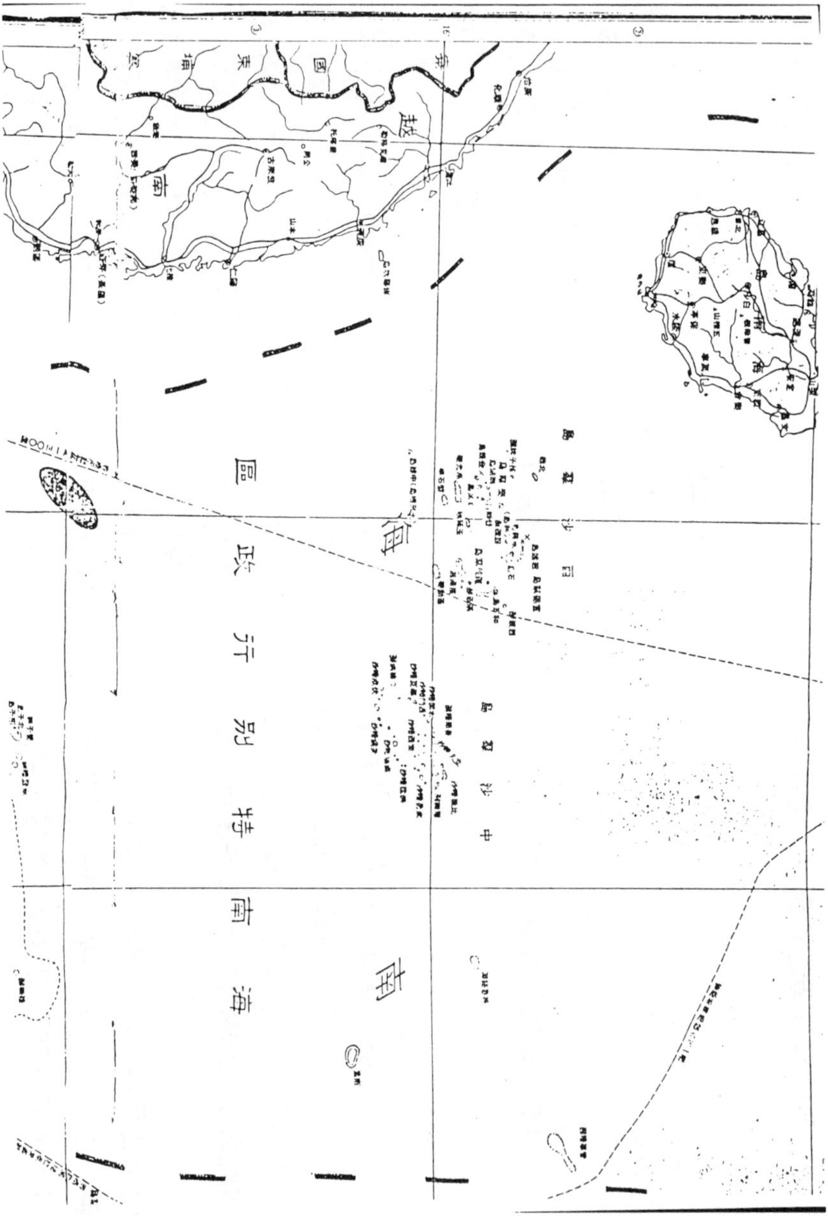
海南特別行政區
南海
西沙群島
中沙群島
越南

宣示主權

右圖：東沙島上「南海屏障」國碑的維建完工，重申政府維護南海主權的決心。

左圖：內政部長吳伯雄（中）、國防部副部長汪多志（左二）與多位立法委員共同為新國碑剪綵，代表行政、立法部門同心宣示主權的決心。

東沙群島古名「石星石塘」、「南澳氣」、「大東沙」等，位於北緯 20°42'、東經 116°43'，坐落在東沙環礁的西邊，環礁內圍一潟湖，島上為平坦沙洲，面積約一・七四平方公里，東北高，西南低，東西長約五公里，南北寬約一・五公里，高約十二米。東北距台灣二百二十海浬，正北距汕頭約一百六十八海浬，西北距惠陽甲子門一百二十海浬。處香港往馬尼拉航道之要衝，至香港一百六十九海浬，馬尼拉四百二十海浬。島的西側有一海灣進口，灣內水深，灣口水淺，自古為我國閩粵兩省漁船停泊避風之所。在島的東北側建有漁村。一八六六年，英人 **Pratas** 航海遭風，避難於此，英人遂名東沙島為 **Pratas**，而我國歷史上一直稱「大沙島」。

東沙島多風，據一九三四年廣東省民政廳編印的《廣東全省地方紀要》記述：「東沙三日之內必有一次風，風來之聲如爆竹，惟該島起風時，在百米以外之船竟有不知者，故航海家往往稱東沙島為『風窟』，航者畏懼又稱為『險礁』。」

東沙島資源豐富，閩粵兩省漁民多來捕撈，收穫頗豐，「平均計不下數百艘，此外尚有捕魚、半撈海產、半採礦產之小船不計其數，每年獲利大船自數百斤至數千斤不等。」故當時在漁民中流傳一句諺語：「欲發財，赴東沙。」

南衛灘和北衛灘位於東沙島西北約四十五海浬處，是隱沒在水下的珊瑚礁灘。

中華民國將東沙群島劃歸台灣高雄市旗津區管轄，派兵駐守，在島上設有機場、營房、服務站、電廠、醫院、電台、氣象台及燈塔。高雄市政府在島上設有漁民服務站，為在附近海域作業的漁民服務，還有一座大王廟，供奉關公。島上缺乏淡水，設有海水淡化場，築有三座水庫，總容量達二十八萬加侖，蓄留雨水，經過濾之後，供軍民飲用。❶

註釋：

❶ 遠東新聞社專稿第九五二號。

第二節　中沙群島與黃岩島

中沙群島所在範圍位於北緯 15°24'-16°15'、東經 113°40'-114°57' 之間，全部隱伏在水下的環狀珊瑚礁，其邊緣深不到十八．三米，最淺處是位於中沙群島中部的漫步暗沙，僅深九・一米。主要沙礁有：神狐暗沙、憲法暗沙、一統暗沙等，共二十處。

黃岩島，又稱民主礁，位於北緯 15°08'-15°14'、東經 117°44'-117°48'，在中沙群島東南約一百六十海浬。一七四八年英國船 Scarborough 在此觸礁，因而西人名之為 Scarborough Reef。島周邊陡峭，形成一個狹窄的珊瑚地帶，內圍成一海水碧藍的瀉湖。島上有一些岩石，高約〇・九—三米，南岩最高，位於島的東南端。

第三節　西沙群島

西沙群島我國舊名為千里石塘，西人譯為 Chienli Rocks 或稱 Paracel Island and Rocks，海南話稱西沙為 Tizard，西人譯為 Tizard Bank，為廣大的一群低平珊瑚島礁，散佈於北緯 15°46'-17°08'、東經 111°11'-112°54' 之間，北距海口二百四十海浬，東北距香港三百九十海浬，距台灣南端七百二十海浬，西距越南中部海岸二百四十海浬，西北距榆林港一百五十海浬。

西沙群島是由許多珊瑚島和暗礁沙灘組成。其主要島群有宣德群島和永樂群島。周圍另有些小島及暗礁，北端有北礁，位於北緯 17°05'、東經 111°30'，東端有東島，位於北緯 16°41'、東經 112°44'，西南端有中建島，位於北緯 15°47'、東經 111°12'，東南端有蒿壽灘。

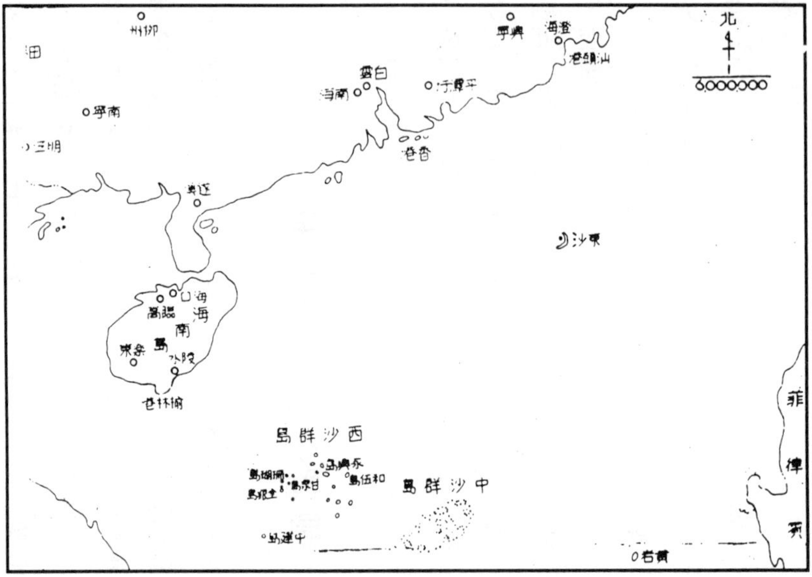

宣德群島由南北兩部分組成，南北對峙，中間隔一條寬約四海浬的深水區。北部一群島礁有東西二礁。西礁長約六海浬，寬約一．七五海浬。西島有一沙島，名西沙洲（West Sand），東端有一島名趙述島（Tree Island），東礁長約四海浬，包括有三島與三沙，即北島、中島、南島和北沙洲、中沙洲、南沙洲。島中之椰子樹高可三十呎，當東北季風時期，海南島漁民常來北島捕魚。

宣德群島中有一最大島名永興島，位於北緯 16°50'、東經 112°20'，東西最長處一九五○米，南北最寬處一三五○米，面積約一．八五平方公里。島上覆蓋著熱帶灌木、椰樹和木瓜等樹，周圍有白色沙灘環繞，島面上有鳥糞堆積。

永樂群島位於永興島西南，相距約三十七海浬，由六個島、礁和沙洲組成，狀似月牙，故西人稱為「新月群島」（Crescent Group）。其主要島礁有金銀島、甘泉島、珊瑚島、晉卿島。

道乾群島，位於北緯 16°27′、東經 111°42′，包括二島，共在一個珊瑚礁的平台上。東西長一・二五海浬，寬一三五〇米，四周峭深，島面滿覆熱帶灌木。東島名琛航較大，面積四三二、五五〇方公尺，島上有一小湖，南側有一井，井旁有大椰子樹二株。西島名廣金較小，面積七六、二五〇方公尺。島上灌木高十呎，中心處有椰樹一株，高達二十呎，旁亦有一井。二島之間，連一砂嘴（Sand spit）。二島之北側礁外，可得良好錨地，深十至十五尋（八尺為尋），有較寬之沙底。海南島漁民前來捕魚之帆船，多泊於二島間深一・五至二・五尋之礁上。

甘泉島，形狀如鍋，長八百碼，高二十六呎，上覆熱帶植物，繞島有礁，可登陸於東南側之碼頭，島上有房屋數間，及一口井。

西沙群島自一九七五年以來，已在中國有效管轄主權範圍之內，現已有相當基礎建設。據一九九〇年海南省年鑑所載，現有居民三百餘人。中國國務院已批准海南省政府於二〇〇七年十月二十六日文昌市會議所提建議，將現有的西沙群島辦事處升格為縣級，設立「三沙市」，管轄位於中國南海的海南省轄下的西沙、南沙、中沙三個群島，包括散佈在南海上的二百多個島礁、沙灘，島嶼面積十三平方公里，海域面積二百多萬平方公里。目前中沙群島工委和辦事處（縣級）設在西沙群島的永興島，面積約二・一三平方公里，三沙市的後勤補給基地設在海南文昌，碼頭供給基地建在海南清瀾縣。

目前中國西沙海軍部隊駐守在永興、琛航、中建等七個島嶼上，駐永興島官兵自己動手開墾菜地十五畝，種植蔬菜二十多種，年產蔬菜十萬斤，另興建了養豬及養鴨場。在西沙海軍招待所院內，闢有百位將軍栽種的「西沙將軍林」，每棵椰樹都懸掛著植樹人的名字。自一九八六年以來，胡耀邦、江澤民、錢其琛、遲浩田等視察西沙時，都在此種下椰子樹。永興島上建有一條街道，兩邊是兩層樓房，設有銀行、醫院、商店、食品供應站，還有一間髮廊。遊客可在商店中選購虎斑貝，珊瑚花及各種海產品。

第四節　南沙群島

南沙群島古稱「石塘」、「長沙」及「團沙群島」等，西人稱 Spratlys，係十九世紀中葉英國捕鯨船 Cyruo 號船長 Richard Spratly 曾經到過南沙而得名。位於北緯 3°40'-11°55'，東經 109°30'-117°50'，東西寬約四百多海浬，南北長約五百多海浬，海域總面積達二十四萬四千平方海浬，陸地面積僅有五公里。南沙群島有二百三十多個島嶼、礁灘和沙洲，其中露出水面的島嶼有二十五個，明、暗礁一百二十八個，明、暗沙洲七十七個。南沙群島中部海域的島礁、沙灘星羅棋布，稱為「危險地帶」。「危險地帶」周圍的島礁，可分為東、西、南三群，東群多礁灘，西群多島嶼，南群多暗沙和暗礁。其中較大島嶼的狀況，

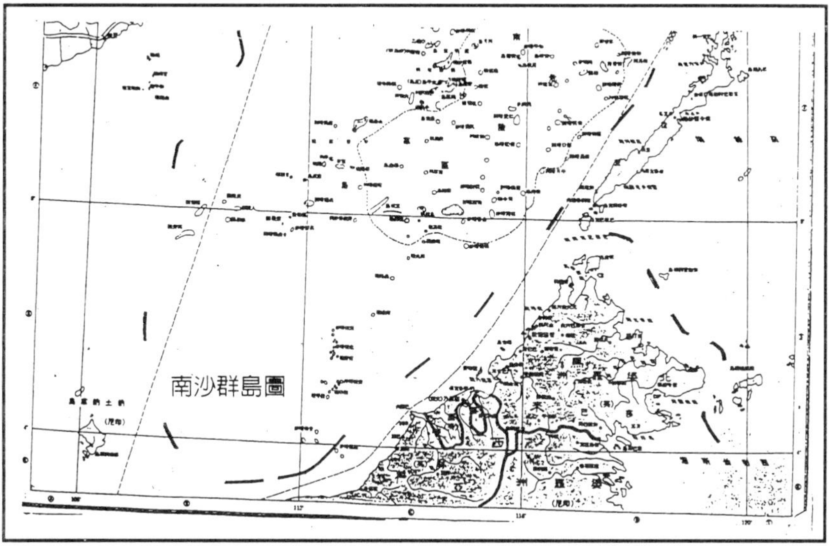

簡述於下：

㈠太平島，位於北緯 10°23'，東經 114°22'，長一千四百米，寬四百六十米，面積約一．七二八平方公里。島上平坦，島形狹長，略呈東東北向西西南方向橫列，為南沙群島中之最大島。島上熱帶灌木叢生，椰子、羊角蕉、木瓜、波蘿密等。中華民國派軍長期駐守，在島上設立「南沙群島管理處」，並立國碑兩座，分刻中華民國青天白日國徽「太平島」及「南沙群島太平島」等字。在島中央修建一條可作為飛機跑道的馬路，設有碼頭、營房、辦公處所、倉庫、發電廠、水井七口、無線電台及氣象台各一座。我國漁民前往南海漁撈，長期居住在島上，成立「太平漁村」。台灣省農業試驗所派遣技術人員協助島上軍民，栽培蔬菜，已能自給自足。台灣省水產試驗所，在島上設立工作站，研究熱帶海域的漁業。

㈡鴻庥島，位於北緯 10°11'，東經 114°22'，與太平島南北相對。島高六米二，面積約七五、九〇〇方公尺，島上覆蓋著灌木叢和小樹林。

㈢中業島，位於北緯 11°03'，東經 114°17'，高約三・四米，面積三二六・二八〇方公尺，島上覆蓋著灌木叢，島頂高約一八・三米，島上有一淡水井，周邊有露出水面的礁石，中業島包括東、西珊瑚灘兩個，二灘之間有一狹而深水道相連。

㈣南威島，高出水面二・四米，島上平坦，長一海浬，寬〇・七五米，面積一四七・八四〇方尺，四周有突出水面的岩石，島頂西南部有椰子樹數株及熱帶灌木，海鳥群集，盛產鳥糞，鳥卵遍地，海龜亦多。一九三三年法國曾入侵該島，二戰期間為日軍侵佔，一九三五年，日軍戰敗，英太平洋艦隊司令福來塞曾駐節於此，接受日軍投降。

㈤在「危險地帶」以西的礁灘有鄭和群礁、道明群礁、在群礁之正南方有南鑰島、雙子群礁（在東北者為北子礁、西南者為南子礁）、中業群礁、尹慶群礁及安波沙洲。

㈥在「危險地帶」以南的島嶼有北部險灘與南部險灘，彈丸礁、艦長礁、指向礁（一八八七年，英國三桅帆船指向號 Director 在此觸礁而得名）及曾母暗沙，為我國領土之最南端。

㈦在「危險地帶」以內的島嶼，星羅棋布，不僅數量多，而且範圍廣，其中較大者計有：

1. 美濟礁，位於北緯 9°52'-9°56'，東經 115°30'-115°35'，為一長四・六海浬，寬約二・七海浬橢圓形環礁，內有一潟湖，深二十五米。

2.費信島，位於北緯 10°49′，東經 115°50′，島長約二百米，寬約四十米，面積約○·○六平方公里，為一平坦的小沙島。

3.馬歡島，位於北緯 10°44′，東經 115°48′，島長約五百八十米，面積約○·○六平方公里，為一雜草叢生的白沙島。

4.西月島，位於北緯 11°05′，東經 115°02′，島長約一千米，寬約五百米，面積約○·一五七三平方公里，島上覆蓋著灌木叢，周圍是白色沙灘。

5.景宏島，位於北緯 9°53′，東經 114°20′，面積約○·○四平方公里，高約三·七米，島上長滿灌木，為海鳥棲息之地。

6.華生島，位於北緯 8°56′，東經 113°39′-113°44′，島成環狀，長約五海浬，寬約一海浬，島上有兩個沙洲，東北部一個，高一·八米，西南部一個，高○·九米。

在危險地帶之東邊，距菲律賓之巴拉旺極近。南海東部之沿岸航路稱巴拉旺航線（Palawan Passage）即航行其間，為新加坡、馬尼拉航道東線。沿線所經之危險地帶之東邊緣有海馬灘、蓬勃暗沙、艦長暗沙、半月暗沙各險灘。

第五節　南海諸島的戰略地位

中國南海處於太平洋與印度洋之間，為通往東亞、非洲和歐洲的主要航道。據統計，世界上的油輪與商船一半以上都須駛過南海航線。故南海對於有船隻航經這裡航道的國家來說，都具有極其重要的戰略地位。正如菲律賓國家安全顧問喬斯·阿爾蒙特（Joce Almonte）所說：南海是東南亞海運中心，誰控制了南海，誰就「基本控制了東南亞群島和半島，並對西太平洋和印度洋的將來起到決定性作用，包括控制了往返中東油田的戰略航道。」❶

因此，日本對南海的重要戰略地位極為關注，日本防衛所曾明確聲明：「東南亞包括馬六甲海峽、南中國海和印尼與菲律賓附近的海域，對運輸自然資源到日本至關重要，因此地區是連接太平洋與印度洋海上交通的關鍵。」

美國亦極重視南海的戰略地位，他們把經過南海的海上交通航道，看成是美國在關島的軍事基地與其在日本的基地至印度洋基地迪亞哥加西亞（Diego Garcia）必須經過的航道的聯繫，經此航道可以把能源、商品、軍火及自然資源從波斯灣運到美國。因此，南海航道對美國的經濟與軍事價值至關重要。

南海各島礁，分佈全部海面，平時可供給來往船隻之燈塔、淡水、燃料及氣象訊息，遇暴風雨可作避難場所：戰時為給養站和魚雷之根據地，為搜索情報前哨，其關係交通國防者至大且巨。

為了加強各國在印度洋至太平洋的石油及商品輸送等海上航道安全，印度、美國、日本、澳洲與新加坡於二〇〇七年九月四日開始在孟加拉灣舉行聯合海上軍事演習，其目的即在維護太平洋至印度洋航行自由，並牽制中國海軍力量在南海地區的擴充。

註釋：

❶ Aileen S. P. Baviera, Security Challenges of the Philippine Archipelago, Southeast Asian Affairs, 1998, *Institute of Southeast Asian Studies*, Singapore, 1998, P.226.

第三章　中國擁有南海諸島主權史實

瀕臨南海諸島各國，以中國文化發達最早。秦漢時，中國國威已遠達中南半島。中國閩粵及海南島沿海漁民，靠海為生。初民揚帆南海中，冬至東北風起，順風駛至南海諸島捕魚，夏初西南風起，即載漁貨歸，即所謂「秋末來者夏初歸」，因而中國最先發現南海諸島，在漢唐古籍中已有記載。不過中國自古以來，即有「天下一家」的思想，認為「率土之濱，莫非王土」。而且南海諸島亦不適宜人民生活，前往移殖居住者極為稀少。惟依現代國際法規定，最先發現南海諸島的中國，應已取得南海諸島的初步主權。

中國沿海漁民不僅最先發現南海諸島，而且世世代代至南海諸島捕魚為生，捕魚期間，在各島上，建屋居住，以避風雨，掘井汲水飲用，種植熱帶果木為生，經之營之，世世代代，從未間斷，甚至有死於斯地者，即埋葬在島上。有漁民在島上建土地廟，祈求神靈保佑平安。中國人民長期經營這片海域，南海諸島早已成為中國漁民之避風港、補給站及棲息居住之所。依照國際法規定，南海諸島應為中國的「歷史海域」。

據中國史籍所載，宋朝（公元九六〇—一二七〇年）趙汝适所著《瓊管誌》及《諸藩誌》

兩書中，都記載自唐朝貞觀（公元六一八—六六〇年）以來，已把南海諸島的「千里長沙」（今之南沙群島）和「萬里石塘」（今之西沙、中沙群島）列入中國版圖，已為東南亞國家所公開承認。

第二次世界大戰期間，日本海軍曾一度侵佔南海諸島作為進攻東南亞國家的跳板。戰後中國為收回南海諸島主權，曾派軍艦前往南海諸島接收，在各主要島上豎立石碑標誌，派兵駐守，宣告南海諸島的主權為中國所擁有，當時沒有任何國家提出異議。

第一節　秦漢時南海諸島已為中國發現

《史記・始皇本紀》：「始皇三十三（公元前二一四）年發諸嘗逋亡人贅婿賈人略取陸梁地，為桂林（廣西大部）、象郡南海（今廣西南部及越南北部），以適遣戍。」《史記集解》：「徐廣曰：秦併天下至二世元年。十三年，并天下八歲乃平越地。」由此可知秦征南越，始於始皇廿六（公元前二二一）年，八年後乃平之，開置三郡，並謫徙民與越雜處，使中越同化，便於統治。今之越南，自秦始皇時，已歸屬中國，且秦之攻越，乃水陸併進，舟楫必經過南海群島，是故南海群島早在秦漢時已為中國勢力範圍。

秦亡，趙佗自立為南越王。漢武帝元鼎五（公元前一一八）年秋，遣衛尉路博德為伏波將軍，發罪人及江以南樓船十萬師，分由水陸四路往討，緣海南征，曾到過千里石塘

（Chienli Rooks），即今之西沙群島。於元鼎六（公元前一一七）年冬破南越，於是將南越之地，分置南海、蒼梧（今廣東省）、鬱林、合浦（今廣西省）、交趾（今越南北部）、九真（今越南中部）、日南（今越南中南部）、儋耳、珠崖（今海南島）九郡。（《史記》一一三及《漢書》卷六〈武帝本紀〉），同年定西南夷，次年平東，皆置郡縣，至是百越之地，皆入版圖。

《前漢書》卷二八下〈地理誌〉：「自合浦徐聞入海，得大洲，東西南方千里……」《梁書》卷五四〈南海諸國傳・總敘〉云：「海南諸國大抵在交州南及西南大海洲上，相去近者三五千里，遠者二三萬里，其西與西域諸國接。漢元鼎中遣伏波將軍路博德開百越，置日南郡（今越南中南部），其徼外諸國，自帝以來皆朝貢。」《梁書》又云：「伏波馬援將軍開漢南境，置象林郡（今越南南部），其地縱橫可六百里，地去海可百廿里，日南界四百里，北接九真，其南水步道，二百餘里，有夷西國亦稱王，馬援置兩銅柱，表漢界也。」

東漢章帝建初年（公元七十六年）楊孚著《異物誌》有「漲海崎頭，水淺而多磁石」的記載。❶漲海指的是南海，珊瑚礁水淺，船舶容易擱淺。證明東漢時，中國地方官員曾往漲海巡視，中國漁民早在那裡捕魚為生。

秦漢武功極強，今之越南，當時已歸屬我國。南海周邊國家，皆來朝貢稱臣，國威已遠及南洋，南海諸國已為中國勢力範圍。

註釋：

❶ 楊孚《異物誌》，上海商務《叢書集成》三〇二一本，頁三。

第二節　魏晉時南海已為中國通往南洋要道

一九四七年十一月廿八日，國立中山大學撫教字致外交部公函，檢送王光緯教授著「我國領有南沙群島之根據」一文，論南沙群島在魏晉時，我國商人僧徒來往南洋群島，必經南中國海。又《宋史・外國傳》稱：「勃泥（今之婆羅洲）前代未曾朝貢，太平興國二年（公元九七七年）遣使奉表。」

據史書記載：

㈠三國時期（公元二二〇—二六五年）東吳中郎康泰與宣化從事朱應於黃武五年（公元二二六年）至黃龍三年（公元二三一年）奉命出使扶南（今柬埔寨）歸來，著《扶南異物誌》，記有「漲海中，到珊瑚洲，洲底有盤石，珊瑚生其上也。」所言南海島礁的地形地貌狀況，於今日所知完全相同。

《三國志》卷十五〈東吳・呂岱傳〉云：「岱既定交州（今廣西省），復進兵討九真（今越南北部）斬獲以數萬計。又遣使南宣國化，暨徼外扶南（今柬埔寨）、林邑（今越南中南部）郡。明堂諸王，各遣使奉貢，權嘉其功，進拜鎮南將軍。」《梁書》卷五四〈扶南傳〉云：「扶南國在日南郡之南，海西大灣中，去日南可七千里，在林邑西南三千里。」

三國時期中國國威已及今之中南半島。

㈡三國時萬震所寫《南州異物誌》，其中寫漢代從馬來半島到中國大陸的航行路線為「……東北行，極大崎頭，出漲海，中淺而多磁石。」這是中國自古以來通往東南亞必經南海的一條主要航線。

㈢晉朝時期（公元二六六—四二〇年），在以下諸書中所提到的漲海資源，與今日南海島礁產生的玳瑁、珊瑚及海螺等資源完全相符。

1.張勃著《吳錄》記載：「嶺南盧賓縣漲海中，玳瑁似龜而大。」又謂「交洲漲海中有珊瑚，以鐵網取之。」

2.斐淵著《廣州記》書中記載：「珊瑚洲，在縣南五百里，昔人於海中捕魚，得珊瑚。」

3.郭璞著《爾雅》記載：「螺者大如斗，出日南漲海中，可以為酒杯。」所稱「鸚鵡杯者，是出海南。」指自海南島前往日南（今越南中南部）要經過漲海，即今之南海諸島礁。

㈣南朝時期（公元四二〇—五八九年），謝靈運撰〈武帝誄〉所謂「虎騎鶩隰，舟師漲海」，記述宋武帝擊敗盧循，率海軍追擊殘軍至南海中，說明當時海軍威力已及南海。

南朝宋代（公元四二〇—四三九年）《太平御覽》卷第七百八十八曰：「扶南之東漲海中，有大火洲，洲上有樹，得春雨時，皮正黑，得火燃，樹皮正白，紡績以作手巾，或作燈注用，不知盡。」

上文中所說的「漲海」，即今南海。至於「磁石」，是指未露出水面的珊瑚礁，因船隻碰到這些暗磁，就擱淺遇難，無法脫險，猶如被磁石吸附一般。

據唐朝姚思廉撰的《梁書》（五代梁國公元五〇二—五五〇）中的〈海南諸國傳總序〉說：「海南諸國，大抵在交州南及西南大海洲上。相去近者三五千里，遠者二三萬里，其西與西域諸國相接。……及吳孫權時，遣宣化從事朱感、中郎康泰通焉。其所經及傳聞，則有百數十國，因立記傳。晉代通中國者蓋鮮，故不載史官。及宋、齊，至者有十餘國。自梁革運，其奉正朔，修貢職，航海歲至，踰於前代矣。」證實魏晉時東南亞諸國經南海至中國經商進貢頻繁。

第三節　唐宋時已將南海諸島納入中國版圖

唐太宗貞觀五年（公元六二七年），南海諸島正式劃歸崖州府（今海南島）管轄。公元七八九年，唐朝即將南海命名為「萬里石塘」及「千里長沙」。「石塘」指今之東、西、中沙群島，「長沙」指今之南沙群島。

唐貞元年間（公元七八五—八〇五），賈耽入四夷，事載《新唐書·地理志》，其中記述廣州通海夷道云：

廣州東南海行二百里至屯門山，乃帆風西行二日至九州石，又南二日至象石，又西南三日行至占不勞山，山在環王國東二百里海中，又南二日行至陵山，又一日行至門毒國，又一日行至古笪國，又半日行至奔陀浪洲，又兩日行至軍突弄山，又五日行至海峽。蕃人謂之質。南北百里，北岸則羅越國，南岸則佛逝國。❶

據伯希和（Paul Polliot）考證，這段海程實已包括自廣州至滿剌加海峽的海域範圍。依此，則南海諸島在此航程範圍之內，此乃唐代通西域之海上絲路。

宋代以後，我國史籍已開始有了關於南海疆域界限的記載。北宋仁宗皇帝（一〇二三—一〇六三年）在《武經總要》親作御序說：北宋朝廷「命王師出戍，置巡海水師營壘於廣南，治舠魚入海，戰艦從屯門山用東風西南行，至九乳螺洲。」這說明北宋時已把西沙群島置於海軍巡邏範圍。

南宋淳熙五年（公元一一七八年），桂林通判周去非著《嶺外代答》書中寫道：「三佛齋之來也，正北行舟，歷上下竺與交洋，乃至中國之境。其欲至廣者，入自屯門；欲至泉州者，入自甲子門。」這項記載已明確說明，從蘇門答臘東北部的三佛齋（今之巨港）到中國的船隻，過了上下竺與交洋之後，即進入中國的海境。明確劃定當時中國南海疆域是和「上下竺」與「交洋」交界。「交洋」即「交趾洋」之簡稱，指的是今越南北部沿海一帶。「上下竺」亦稱「東西竺」，都在納土納群島中，東竺為北納土群島，西竺為南納土群島。由此證明早在南宋時期，我國南海的疆域已有了明確的劃分，且為東南亞各國所承認。

周去非在該書中稱，交趾洋中航道有所謂「三合流」，其南流通於諸蕃之國，北流達至廣東福建江浙之海，東流入於無際，即所謂東大洋海。船舶往來，陷此三流之中，危險萬狀。其中東大洋海即今南海諸島海域。書中謂：

海南四郡之西南，其大海曰交趾洋。中有三合流，波頭濆湧，而分流為三。其一南流，通道于諸蕃國之海也。其一北流，廣東福建江浙之海也。其一東流，入于無際，所謂東大洋海也。南舶往來，必衝三流之中，得風一夕可濟。苟入險無風，舟不可出，必瓦解于三流之中。傳聞東大洋海，有長沙石塘數萬里，尾閭所洩，淪入九幽。昔嘗有舶舟為大西風所引，至于東海，尾閭之聲，震洶無地，俄得大東風以免。❷

說明中國疆域界限即西面與越南北部的交趾洋接境，南面與印度尼西亞的納土納群島相鄰。前來中國的外國船隻，只要駛過納土納群島和交趾洋，就進入了中國海域疆界。

南宋時任福建路市舶提舉趙汝适於寶慶元年（公元一二二五年）撰寫《諸蕃志》，在序言中說：「汝适被命此來，暇日閱《諸蕃圖》，有所謂石床（塘）、長沙之險，交洋、竺嶼之限。」趙汝适是市舶提舉，為中外商船航行的主管，他利用休閒時間，查閱《諸蕃圖》（外國地圖），瞭解我國南海諸島的石床（塘）、長沙是航海的危險區，而我國南海的疆域是以交趾洋與竺嶼（納土納群島）為界，已獲外國普遍承認，並在外國地圖中標明。

在《諸蕃誌》中〈海南〉條記載說：唐朝「貞元五年（公元七八九年）以瓊為督府（管轄南海諸島），今因之，至吉陽迺海之極，亡復陸塗，外有洲曰烏里、曰蘇吉浪，南對占城，西望眞臘，東則千里長沙、萬里石床，渺茫無際，天水一色，舟船來往，惟以指南針為則，晝夜守視為謹，毫釐之差，生死繫焉。」❸按千里長沙、萬里石床，指西南沙一帶之島嶼。可見唐代我國瓊州府管治其地之記載，且代有巡察。西南沙群島自古已成為我國漁民前往捕魚之主要漁場。惟歷朝史籍對西南沙群島所用的名稱不一，多係沿用萬里長沙、萬里石塘、七洲洋、九乳螺洲、嶼石星石塘、千里長沙、千里石床、十二子石等，史稱十二子石，即指今之南沙群島。

南宋度宗年間（公元一二七一——一二七四），錢塘吳自牧撰《夢粱錄》，論及商船自泉州出海，南下「七洲洋」謂：「且論船商之船，自入海門，便是海洋，茫無畔岸，其勢誠險……若欲船泛外國買賣，則自泉州便可出洋，迤邐過七洲洋，舟中測水，約有七十餘丈。若經崑崙、沙漠、蛇龍、烏豬等洋，……頃刻大雨如注，風浪掀天，可畏尤甚。但海洋近山礁則水淺，撞礁必壞船。全憑南針，或有少差，即葬魚腹。自古舟人云，去怕七洲，回怕崑崙，亦深五十餘丈……」「七洲洋」、「崑崙洋」即今西沙群島及其西南一帶

海域，浪大礁多，向為航海者所忌。「去怕七洲，回怕崑崙」之說，由此而來。❹

宋末靖康二年（公元一一二七年）徽欽蒙難，中國人民苦於外患多從北方入侵，而群向越南及南洋各島避難。如《宋史紀事本末》有云：「元將劉琛攻帝於淺灣，張世傑戰不利，奉帝走秀山，至井澳，陳宜中遁入占城，遂不返。十二月丙子，帝至井澳，颶風大作，舟敗幾溺。帝驚悸成疾，旬餘，諸將士稍集，死者過半。元劉琛襲井澳，帝奔謝女峽，復入海，至七里洋，欲往占城不果。」從今地理位置而觀，七里洋恰為今之西沙群島，曾為元帝駐足之地。

元世祖至元二十九（公元一二九二）年，元兵劉琛，追宋端宗，執其親屬余廷珪之地。俗傳古是七州，沉而成海……舟過此極險，稍貪東便是萬里石塘，即瓊州志所謂萬州東之石塘海也，舟陷石塘希脫者。此七州沉而成海，可說是「七州洋」名稱的由來。其稍東的「萬里石塘」或「萬州東之石塘海」，蓋指今之西沙、中沙群島而來。❺

清顧祖禹著《讀史方輿紀要》書中對「石塘」的記述說：「宋天禧三年，占城使言國人詣廣州，或風漂至石塘，即累歲不達。石塘在崖州海面七百里。」宋代已明確指出石塘距海南島七百里，即今之西沙群島。❻

二〇〇七年五月廿九日美國舊金山《世界日報》報導「南宋沉船寶物見證海上絲路」專文，中國西沙考古隊，近在西沙群島華光礁內側，打撈一艘南宋沉船「華光礁一號」。殘存船體覆蓋面積約一八〇平方米，船體殘長二十米，寬約六米，舷深約三至四米，初步估計該船排水量大約六十噸。

唐宋以來，隨著中國古代科技和海外貿易的發展，中國古代開拓了多條「海上絲綢之路」，南海海域是海上通道，商船必經的重要道路。

據中國水下考古研究中心主任張威介紹，「華光礁一號」是一艘迷失在古代「海上絲綢之路」上的沉船，唐宋以來，「海上絲綢之路」空前繁榮。當時中國陶瓷器和絲綢運往國外，運回外國寶石香料，商船主要從廣州、泉州、寧波、揚州等地出發，途經西沙群島、南沙群島到達波斯灣、紅海，航經東南亞、南亞、西亞，遠達東非、北非和地中海沿岸國家。

「華光礁一號」發掘是從二〇〇七年三月十五日開始，出水文物近萬件，都是南宋時期福建和江西景德鎮出產的陶瓷器。

中國廣東省考古隊於一九七六年前往西南沙群島發掘大批唐宋文物，並在西沙群島中的甘泉島向內傾斜的坡地上，地高避風，適宜居住，發現宋代居民遺址，地層堆積厚度，達三十五至九十釐米，這可說明早在一千年前，我國廣東各地漁民已經住居在西沙群島，從事開發經營。

註釋：

❶ 歐陽修、宋祁著《新唐書》，中華《四部備要》。

❷ 周去非著《嶺外代答》，《叢書集成初編》三一一八本，臺北商務印書館。

❸ 趙汝适著《諸蕃誌》，嘉慶十四年（公元一八〇九）重校萬卷樓本。

❹ 吳自牧著《夢粱錄》，載《叢書集成初編》三二二〇本，頁一〇八，卷十二「江海船艦」條，商務印書館。

❺ 張燮著《東西洋考》第一一八頁，卷九「舟師考」，商務印書館。

❻ 顧祖禹著《讀史方輿紀要》卷一〇五，第四三三六—四三三七，北京中華書局重印本。

第四節　元代疆域囊括南海諸島

元朝（公元一二九七—一三六八年）武功強大，幅員遼闊，疆域橫跨歐亞。伊爾汗國領土西至今土耳其、敘利亞、伊拉克三國的東部、以及科威特和沙烏地阿拉伯的東北部，南至波斯灣和印度洋，東面佔有今阿富汗和巴基斯坦兩國的西部，東南勢力及於中南半島及南洋，南海諸島幾已成為中國內海。❶

《元史》第一六二卷〈史弼（公元一二一二—一二九七年）傳〉記載：「元帝忽必烈派史弼出征爪哇。」又云：「至元二十九年（一二九二年）十二月，弼以五千人，合諸軍，發泉州，風急濤湧，舟掀簸，士卒皆數日不能食，過七洲洋、萬里石塘，歷交趾、占城界。」前往討伐南洋，行經南海，由天文學家郭守敬進行四海測驗，實測全國經緯度，其中一個天文測點「南逾朱崖」，測得「南海，北極出地十五度，夏至，景在表南，長一尺一寸六分，晝五十四刻，夜四十六刻。」建立天文測量站，以利航行。《元史》有云：「世祖撫世夷，其出師海外諸番者，惟爪哇為大。」盡有南海島嶼。❷

元朝已將南海諸島設海北道、海南道，成為行政管轄地區，沿襲到明清兩代，均設司管轄。

元朝至正九年（公元一三四九年），江西南昌人汪大淵曾兩次「附舶東西洋」數年，以親身經歷撰寫《島夷志略》一書。書中把我們南海諸島稱為「萬里石塘」，他根據朱熹海外之地與中原地脈相連的理論寫道：「石塘之骨，由潮州而生，迤邐如長蛇，橫亙海中，越海諸國，俗云萬里石塘。……其地脈歷歷可考。」汪大淵在書中標明了南海諸島的範圍，它起自廣東潮州，曲折連綿向海中延伸，南到印尼爪哇，東南到汶萊和沙巴，西與越南北部的交趾洋接境，西南到達越南東南端的昆侖洋面。❸

元成宗年間，周達觀撰《真臘風土記》。真臘即今柬埔寨。周書記自溫州至真臘的海程說：「真臘國或稱占臘……自溫州開洋行丁未針，歷閩廣海外諸州港口，過七洲洋，越交趾洋，到占城。」據伯希和考證，書中所稱「七洲洋」即今西沙群島。❹

註釋：

❶ 李天鳴著《中國疆域的變遷》下冊第三二一—三三三頁。
❷ 宋濂著《元史》，中華書局出版之《四部備要》卷一六七，頁七上，列傳「史弼」。
❸ 汪大淵著《島夷誌略》，載於台灣學生書局印行之《南海諸島歷史叢書》第三六三頁。
❹ 據伯希和《真臘風土記箋註》，載《史地叢考》續編，頁五六。

第五節　明朝派軍巡弋南海諸島

明朝永樂三年（公元一四〇五年）七月十一日，欽差總兵三保太監鄭和率領費信、馬歡、尹慶、王景宏、楊信等官員及船隊大小二百多艘，船員二萬七千八百餘人，從蘇州的劉家港分批啟航，進入長江順流而下，駛向東海，沿著大陸海岸南航，第一站停泊在閩江口長樂縣的太平港，待食物飲水等日用物品補給完備，趁著十月東北季節風，駛過台灣海峽，繞過海南島，航經西沙群島時，碰上一批中國商船，遭受舊港（今蘇門答臘）酋長陳祖義的二十多艘海盜船襲擊。於是，鄭和下令船隊巡弋南海，陳祖義的海盜船屢攻不逞，為垂涎「寶船」上的金銀珠寶，乃派人向鄭和詐降，鄭和將計就計，經過一場劇烈海戰，擊潰海盜船隊，生擒陳酋，鄭和船隊揚威南海各島，奠定遠航南洋海道的安全，維護海上商旅暢通。

接著，鄭和聯絡占城王出兵，會合擊潰安南王的大軍。隨即率領龐大船隊，浩浩蕩蕩，航向西洋，途經孟加拉灣、印度半島、阿拉伯半島及東非海岸，宣揚國威。在此後二十八年間，他率領強大船隊，七下西洋，都經過南海諸島，頻臨海岸各國，悉數稱番派員朝貢。他命名西沙群島中一個大島稱為「永樂島」，就是紀念明成祖的年號。今日南沙群島內之費信島、景宏島、馬歡島、尹慶群礁及鄭和群礁等，就是為了紀念他們七下西洋往返航經南海諸島而命名。

鄭和七下西洋，來往勘察航道，繪製了世界上最早的航海圖「鄭和航海圖」，原名為《自寶船廠開船從龍江關出水直抵外國諸番圖》。中華書局於一九六一年將該航海圖作為《中國外交史集叢刊》之一出版印行。《航海圖》的畫法是仿照《長江萬里圖》畫法，作一字式展開。圖上詳細記載從南京下關至長江口，然後沿江、浙、閩、粵海岸西行，到印度孟加拉灣、伊朗阿曼灣、以及阿拉伯半島南端的西丁灣、亞丁灣，到非洲東岸怯尼亞慢八撒（今肯亞的蒙巴薩）的航道。

《鄭和航海圖》中的南海部分，他把「石星石塘」、「萬生石塘嶼」和「石塘」，畫在海南島與越南外羅山之間的海域，在烏豬門和獨豬山之東。烏豬門指的是今廣東中山縣上川島東面的烏豬洲，獨豬山指的是海南島萬州東南海中的大洲島。在烏豬洲和大洲島以東的幾個石塘，明顯的是指我國南海諸島中的西沙群島和中沙群島（「石塘」殆指西沙群島中的永樂島，今海南漁民仍這樣稱呼：「萬生石塘嶼」殆指西沙群島中的宣德群島；而「石星石塘」是指當時仍沒在水下的中沙群島）。❶有了《鄭和航海圖》，我國商旅及漁民往來南洋及南海諸島更為頻繁順利。

鄭和七下西洋（公元一四〇四—一四三三年）的兩位隨從馬歡歸來著《瀛海勝覽》，費信著《星槎勝覽》，均詳細記述他們航經南海諸島及宣揚國威的情況。一四〇五年鄭和率船隊首航西洋，是中國通航到波斯灣、阿拉伯、紅海及非洲航道第一人，比哥倫布發現美洲新大陸早六十多年，更比發現印度新航路的維哥達・伽馬早七十多年，而環航地球一周的麥哲倫，晚了一百一十六年。後來英法探險船，聲稱是他們發現南海諸島，則不攻自破。❷

據台灣大學地質系主任馬建英的研究，在西沙群島珊瑚礁下約五英尺深處，曾發掘出許多中國錢幣——永樂通寶——查此項銅幣乃一四〇八年至一四一二年所鑄，由此證明這些錢幣可能是鄭和船隊途經西沙群島所遺留。

姚文枏《江防海防策》所說：「自明中葉泰西各國東來……從地中海紅海而來入麻剌甲海峽。而海峽乃其來中國第一重門戶，過瓊州七洲洋，有千里石塘、萬里長沙為南北洋界限。其間惟天堂門、五島門、沙馬崎頭門三處可通出入，此為第二重門戶。」由此可知，至少自明代以來，西沙、中沙群島一帶海域已成中國海防要衝。❸

註　釋：

❶李金明著《南海爭端與國際海洋法》第一六三—一六四頁，北京海洋出版社。
❷劉昌博著〈鄭和航海的探索〉，台北《中外雜誌》第七十九卷第一、二期。
❸姚文枏《江防海防策》，載王錫祺輯《小方壺齋輿地叢鈔》，台北廣文書局，總頁六七三五。

第六節　清朝對南海諸島之經營

清朝時期（一六四四—一九一一年）中國為對南海諸島行使管轄權，常派水師巡弋南海，防緝海盜。例如清康熙年間（一七一〇—一七一二年），曾派水師副將吳陞躬自巡視南海，「自瓊崖、歷銅鼓、經七洲洋、四更沙、週遭三千里。」❶

清雍正年間，高梁總兵陳海炯巡弋南海諸島，歸來於一七三〇年著《海國聞見錄》，記述中國沿海至東洋、西洋、南沙等地的形勢甚詳，並繪製一幅海國全圖，書中「南洋記」條載：「廈門至廣南，由南澳見廣之魯萬山，瓊之大洲頭，過七洲洋，取廣南之咕嗶囉山，而至廣南，計水程七十二更（古代計算海程之法，以六十里為一更），……七洲洋在瓊島萬州之東南，凡往南洋者，必經之所……獨於七洲大洋、大洲頭而外，浩浩蕩蕩，無山形標識，風極順利，對針六、七日始能渡過，而廣南咕嗶囉外洋之外羅山，方有準繩。偏東，則犯萬里長沙、千里石塘；偏西，恐溜入廣南灣。無西風不能外出。」在〈南澳氣〉

卷中亦說：「隔南澳水程七更，古為落祭。土浮沉皆沙垠，約長二百里，計水程三更餘。盡北處有兩山，名曰東獅、象；與台灣沙馬崎對峙。隔沙闊四更，洋名沙馬頭門。氣懸海中，南續沙垠，至粵海，為萬里長沙頭。南隔斷一洋，名曰長沙門。又從南首復生沙垠至瓊海萬州，曰萬里長沙。沙之南又生嗶咕石至七洲洋，名曰千里石塘。」這裡所稱的千里石塘，就是南沙群島。在《海國聞見錄》書中所繪的地圖中，即顯示千里石塘的位置在南沙群島。❷

清乾隆二十年（一七五五）繪製的《皇清各直省分圖》中，首先將西沙群島和南沙群島以及中南半島緬甸以東地區劃入我國疆域。嘉慶十五年（一八一七）繪製的《大清一統天下全圖》亦將西沙群島和南沙群島劃入我國版圖。

清嘉慶戊辰（一八〇八年）文畬齋藏版（嘉慶癸酉，一八一三年山壽齋覆版）之《方輿類纂·廣東省》卷第二十五至六七頁載稱：

海槎餘錄：海面七百里外有石塘，北之海水特高八九尺，海槎必遠避而行，若一墜即不能出，其南波流甚急，舟入迴溜中罕得脫者。又有思哭灘，舟行至此，必以米飯擲之而後過。❸

一八二〇年，楊炳南撰《海錄》更明確指出千里石塘為南沙群島。他說：「萬里長沙者，海中浮沙也，長數千里，為安南外屏，沙頭在陵水境，沙尾即草鞋石，船誤入其中，必為沙所湧，不能復行……。七洲洋正南則為千里石塘，萬石林立，洪濤怒激，船若誤經，立見破碎。」

以後的著作中都清楚的分別出西沙群島和南沙群島，如一八三八年嚴如煜的《洋防輯要》、一八四四年魏源撰《海國圖志》，一八六六年徐繼畬撰《瀛環志略》，他們都說明萬里長沙是西沙群島，千里石塘是南沙群島。

在楊炳南的《海錄》書中，說明東沙島上有一個小港口可避暴風雨。他說：「船由呂宋……西北行五、六日，經東沙，又日餘，見擔干山，又數十里，即入萬山到廣州矣。東沙者，海中浮沙也，在萬山東，故呼為東沙。往呂宋蘇祿者所必經。其沙有二：一東一西，中有小港，可以通行，西沙稍高，然浮於水面者，亦僅有丈許，故海船至此，遇風雨往往迷離至於破壞也。凡往潮閩江浙天津各船，亦往往被風至此，泊入港內，可以避風，掘井西沙亦可汲水，沙之正南，是為石塘，避風於此者，慎不可忘動也。」

一八三〇年嚴如煜撰《洋防輯要》一書，將南海諸島標繪在《直省海洋總圖》中，而且將西沙群島的「九乳螺洲」和「雙帆石」明確標繪在《廣東洋圖》中，列為中國海防區域。清朝海軍在海南島的港口駐軍，並曾派海軍前往西沙和崑崙洋巡邏，防番賊海盜。一八四一年編纂的《瓊州府志》也明確記載，崖州協水師營分營洋面，南面直接暹羅，占城外洋。直到清代末葉，所有論述海防的著作，大都把南海諸島視為中國海防的「門戶」和

「天塹」，以它劃分「中外之界」。此外清代官方輿圖都把南海諸島劃為中國領土。

南沙群島不但屬於中國，且在文獻中早已有中國人居住之實證。在北二子島（North Lange包括 North East Cay d South West Cay）有二座故碑，碑一載「同治十一（一八七二）年翁文芹」，另一碑載「同治十三（一八七四）年清吳〇〇」可見該島早已由我國人民生息居住死葬之所。❺

郭嵩燾《使西紀程》：「光緒二年（公元一八七六年）十月廿四日午正行八百三十一里，在赤道北十七度三十分，計當在瓊南二三百里，船人名之齋納細（China Sea），猶言中國海也。海多飛鳥，約長數尺，躍而上騰，至丈許乃下，左近拍拉蘇（西沙群）島（Paracel Island），出海參，亦產珊瑚，而不甚佳，中國屬島也。係荒島，無居民。」此條可證當時西沙群島已屬於中國。❹

清光緒九（一八八三）年，德意志帝國派艦測量南沙群島，經清政府抗議後撤走。一八九九年，法國向清廷建議在西沙群島建一燈塔，認為該群島屬於中國。

一八九四年陳壽彭譯《中國江海險要圖誌》：帕母拉西爾群島（Paracel Island 西沙群島）在赤道北十五度四十六分至十七度五分，東經百十一度十四分至百十二度四十五分，此群島中有土萊塘島，巴徐崎，覓出礁。西曆正月至五月，瓊州艇船咸集此礁以圍魚。林康島有一井乃瓊州漁人所掘，以濾鹹水。鶯非土萊特群島在北緯十六度四十六分至十七度，東經百十二度十二分至百十二度二十分，此群島中有林島、石島、樹島，島上恆有中國漁人，島之西水深十三尺處，是為華船避風停泊所。（譯自英國官局一八九四年修訂之《中國海指南》（China Sea Directory））。足證英國早已承認西沙群島屬於中國。

光緒三十三年（一九〇七年），兩廣總督張人駿派水師提督李準巡視西沙群島。李準率同瓊崖地方官員王仁棠、李子川、王叔武、丁少蓀、裴岱雲、汪道元、邰水香、劉子儀、德人無線電工程師布朗士．禮和洋行二主布斯域士等一百七十人，分乘伏波（吳敬榮為管帶）、琛航（劉義寬為管帶）於是年四月初二日啟行，十二日抵珊瑚島，勒石命名伏波島，豎桅升旗。十三日正午開行三十里，掘井得淡水，名曰甘泉島。又過對岸之島，其珊瑚比前更多，名之曰珊瑚島，亦勒石懸旗為紀念。下午開船行約二十海浬，名之曰琛航島，十四日黎明又開行，約十餘里海浬而至一島，登岸後，見有漁船一艘於此，詢漁人為何處人，據言為文昌陵水之人，年年均到此島，取玳瑁、海參、海龜以歸。島上情形與各島相同，游覽既周，名之鄰水島，勒石豎旗，而往他島，均皆命名勒石，有名曰霍邱島者，有名為歸安島者，有名為烏程島者，有名為寧波島者，有名為新會島者，有名為華陽島者，有名為陽湖島者，有名為休寧島者，有名為番禺島者，尚有一島，距離較遠，向名曰林肯，改名為豐潤島。四月二十三日鼓流而行，歷四十八小時，而抵香港。所歷十四島，皆令海軍測繪生繪之成圖，呈於海陸軍部及軍機處存案。❻自是航海各書，承認西沙群島為我國領土。

清宣統元（一九〇九）年，中國海關曾據各國航業關係者之請求，呈請政府在西沙群島建立燈塔，以保航行之安全，是國際間已承認西沙群島為中國領土。

宣統元（一九〇九）年三月間設局籌辦經營西沙群島並決定派員前往復勘。其所擬復勘入手辦法大綱為：㈠測繪各島詳細地圖，㈡擇定適宜定點，修築廠、屋、馬路，安設活軌無線等，㈢採取鳥糞分化研究，㈣修築鹽場試晒，㈤察驗土性以備種植，㈥派定員役工匠，㈦製辦應用各物，㈧籌備伙食，㈨帶備泥水木匠估算建築價值，㈩請派兵艦及小輪。

宣統元（一九〇九）年三月清廷撥款七萬兩，設局籌辦經營西沙群島。方擬悉心籌措，期底於成。適張人駿去粵，繼者袁樹勛，八月以節糜費為詞，令撤籌辦處，著並廣東勸業道會同善後局辦理。而勸業道方面反無何項進行，滋此西沙群島籌備事遂告中萎。❼

註釋：

❶ 載於乾隆《泉州府誌》卷五十六。

❷ 陳倫炯著《海國聞見錄》二卷，清乾隆五十八年石門馬俊良重刊本卷一第十九—二十一頁及卷二第三十八—四十頁。

❸ 明顧岕著《海槎餘錄》，明刊《廣百川學海》本。

❹ 陳鴻瑜撰〈綜論環南海各國對島嶼主權之法理爭議〉一文，載於《問題與研究》月刊第二十六卷第四期。

❺ 錄自〈新南群島沿革略記〉，本件係前台灣總督府之檔卷，現存於台灣省地政局。

❻ 詳見李準《巡海記》，載於《中國南海諸群島文獻叢編》之八，台灣學生書局。

❼ 沈鵬飛著《調查西沙群島報告書》，載於《中國南海諸群島文獻叢編》之八，台灣學生書局。

第七節　民國初年對南海諸島之行政措施

第一項：中山大學領隊調查西沙群島

民國十七（一九二八）年，政治會議廣州分會議決組織調查西沙群島委員會，由中山大學農林科教授會議主席沈鵬飛主持其事，於十七（一九二八）年五月廿二日出發調查，計參加此項調查者有民政廳方委員新、實業廳陳委員同白、建設廳鄺委員子俊、南區善後委員公署楊委員著誠、第八路總指揮部伍委員應期、海軍司令部李艦長英傑、陸軍測量局李委員東翰、張委員鏞章、吳委員錫疇、中山大學農林科丁教授穎、預科陳教授達夫、及陳助理員炳相、林助理員純煦、兩廣地質調查所朱委員庭祜、朱委員翽聲共十五人，測夫工人等十一人，乘海軍司令部派出之海瑞軍艦出發，計由出發以至事畢，前後共有十六天。歸後諸委員各本調查所得，造具報告，編成《調查西沙群島報告書》，共七章，分述西沙群島地理概略、歷史、海流及氣候、物產、燐酸礦、日人經營林島之過去情形及結論。在其附錄中載有西沙群島日記，所歷各島，均將黨旗、國旗、中大校旗分豎其上。在調查林島

（Woody Island）與石島（Rocky Island）時，遇見瓊東清瀾港來之漁人。在琛航島亦有文昌來之漁戶二家。在該書第卅一頁論及漁牧中稱：「現西沙各島均有海南之漁船二三隻，每船漁夫二拾餘人，每年來往，凡二次，春初來者夏初歸，秋末來者冬末歸。」又謂「漁期為四月至九月，此次調查，見有漁船二隻，一漁期中每船約可捕龜二三百隻，龜百斤約可售銀二拾元。」足見西沙群島為我國海南漁民自古賴以維生之漁場。該書最後附有實地考察之照片三十八幀，亦可作為我領管西沙群島之證據。（詳見沈鵬飛編《調查西沙群島報告書》，美國國會圖書館存有原書❶）

中國外交部五省視察專員甘介侯於一九三五年二月六日呈部公文稱，廣東省政府據崖縣縣長陳適曾呈稱：「縣屬東南方之群島，統稱為西沙群島。向有文昌、瓊東、樂會等縣漁民居住其地，採海及種植等項，並建有神廟，歲時奉祀，其為我國領土事實可證。」

第二項：籌建西沙、中沙兩群島氣象台

一九三〇年在香港舉行之遠東氣象會議中，各國代表承認西沙、中沙為我國領土，決議請我國政府籌建氣象台。據十九（一九三〇）年七月，行政院呈，據海軍部呈報，香港氣象會議議決各案，並籌建西沙、中沙兩島觀象台，轉請備案文內海軍部所稱如左：

本年四月間，香港舉行遠東氣象會議，經海岸巡防處請派該處課長沈有基代表東沙觀象台前往參加。茲據該處呈轉該員報告稱：此次會期係由四月廿八日起至五月三

日止，計到南京氣象研究所代表、青島觀象台代表、上海許家匯天文台、小呂宋天文台、海防天文台、香港天文台、各台長，及香港英國海軍、航空各代表共十餘人，由香港總督致歡迎開會詞，公推香港天文台長為大會主席，計共議決十五案，其第九案為：「小呂宋天文台提議，本會承認中國政府之創設東沙島觀象台，實為中國海之最重要氣象機關，而航行中國海船隻亦獲益實多，並希望於西沙島 Paracel 及中沙島 Macclesfield Bank 亦當創設，以期增進航海之安全案。議決由東沙島觀象台台長呈請中國政府從事創設該兩島之氣象機關。經前海軍部將建台及設備各項費用，共需洋十二萬元，提出閣議通過。

西沙海域的燈塔

第三項：中國正式公布南海島嶼圖

中國政府於一九三〇年一月公布《水路地圖審查條例》，一九三一年九月加以修訂，名為《修正水陸地圖審查條例》，由政府正式公布施行。依照該條例第二條規定，由有關各部會派代表成立水陸地圖審查委員會，於一九三三年六月七日開始辦公。

一九三四年十二月二十一日，水陸地圖審查委員會在二十五次會議上，審定了我國南海各島礁的中英文地名。在一九三五年一月編印的第一期會刊上，詳細的列出南海一百三十二個島礁沙洲的名稱，其中西沙群島二十八個，南沙群島九十六個。該委員會於一九三五年四月出版了《中國南海島嶼圖》，確定我國南海最南端的疆域線至北緯四度，曾母暗沙標在我國疆域線內。一九三六年白眉初編繪的《中華建設新圖》中，在南海疆域內標明東沙群島、西沙群島、南沙群島和團沙群島在我國界線內，以示南海諸島屬於我國版圖。

一九四七年，中國政府內政部正式核定南海諸島的名稱，按照諸島在南海海域所處的地理位置，把團沙群島正式改為南沙群島，把原來的南沙群島改為中沙群島。至於南海各島礁的名稱，亦由內政部方域司擬定，正式核定東沙、西沙、中沙及南沙四群島及所屬各島嶼、礁灘之名稱，予以公布，一直沿用至今。一九四七年四月十四日，中國內政部邀集有關機關研商決定：(1)南海領土範圍應至曾母灘，並曾經內政部呈奉有案。(2)西南沙群島主權之公布，由內政部命名後，附具圖說，呈請國民政府備案，仍由內政部通告全國周知，在公布前，並由海軍總司令部將各該群島所屬各島，盡可能予以進駐。(3)西南沙群島漁訊將屆，前往各群島漁民由海軍總司令部及廣東省政府予以保護及提供運輸通訊等便利。

中國內政部方域司於一九四七年底正式公布南海疆界，並印製《南海諸島位置圖》，圖中標明東沙群島、西沙群島、中沙群島和南沙群島，並在南海諸島四周畫有十一條斷續疆界線，最南端至北緯四度，以示界內屬中國領土。一九四八年二月，內政部方域司出版

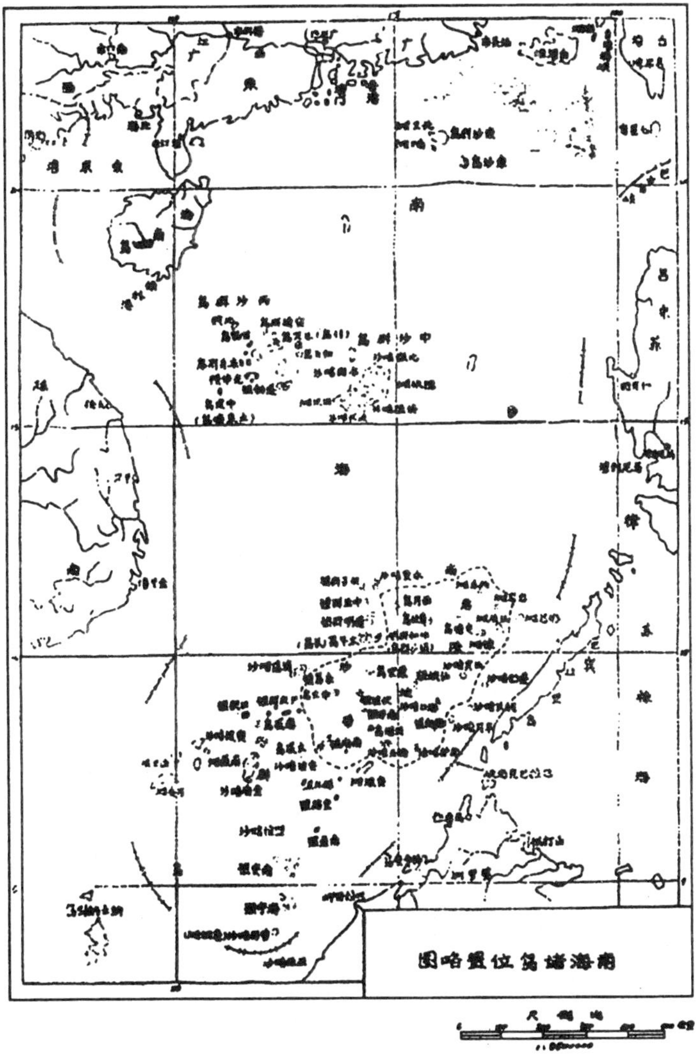

1947年中國內政部方域司印製的《南海諸島位置圖》

了一冊由傅角今主編，王錫光等人繪編的《中華民國行政區域圖》，在該圖及附圖中《南海諸島位置圖》中，標明南海海域中的東沙群島、西沙群島、中沙群島和南沙群島，均屬中華民國領土，並在南海諸島四周畫有十一條斷續疆界線，最南端至北緯四度，這是中國政府首次正式公布的南海諸島海域的界線地圖，昭告中外，當時並無任何國家提出異議。

我國在南海上所畫的斷續線，是遵循了國際法海域畫界的公平原則，畫在我國南海諸島的外緣島礁與周邊國家海岸線之間的等距離的中線上，同時我國向不把線內的全部海域視為內水，而容許各國船隻自由通航。畫斷續線是表示線內的島嶼及其附近海域歸屬中國，線內的海域應根據「聯合國海洋法公約」的有關規定，為中國南海諸島劃定管轄範圍。我們所說的「線內的島嶼及其附近海域」，指的就是按照海洋法公約的規定，給線內的島嶼劃定相關管轄範圍。

基於中國歷代水師在此水域之巡航，緝拿海盜、援助遇難船舶及中國漁民，自古以來在此水域之撈捕中……無疑的中國在此U型線內享有關於經濟資源的、航行管理的以及國防安全的「歷史權利」。這使得此一U型線被視為「歷史性水域外界線」。國際法所稱「歷史性水域」多半是指「歷史性海灣」，當作「內水」看待，中國在南海之「歷史性水域」，可視為一個「非內水」的特殊化水域，保障南海航行自由。❸

中國公布《南海島嶼圖》，標明中國領土包括南海中的東沙群島、西沙群島、中沙群島、南沙群島以及界線內所有島礁，當時國際社會未曾有任何國家提出異議。此後國外出

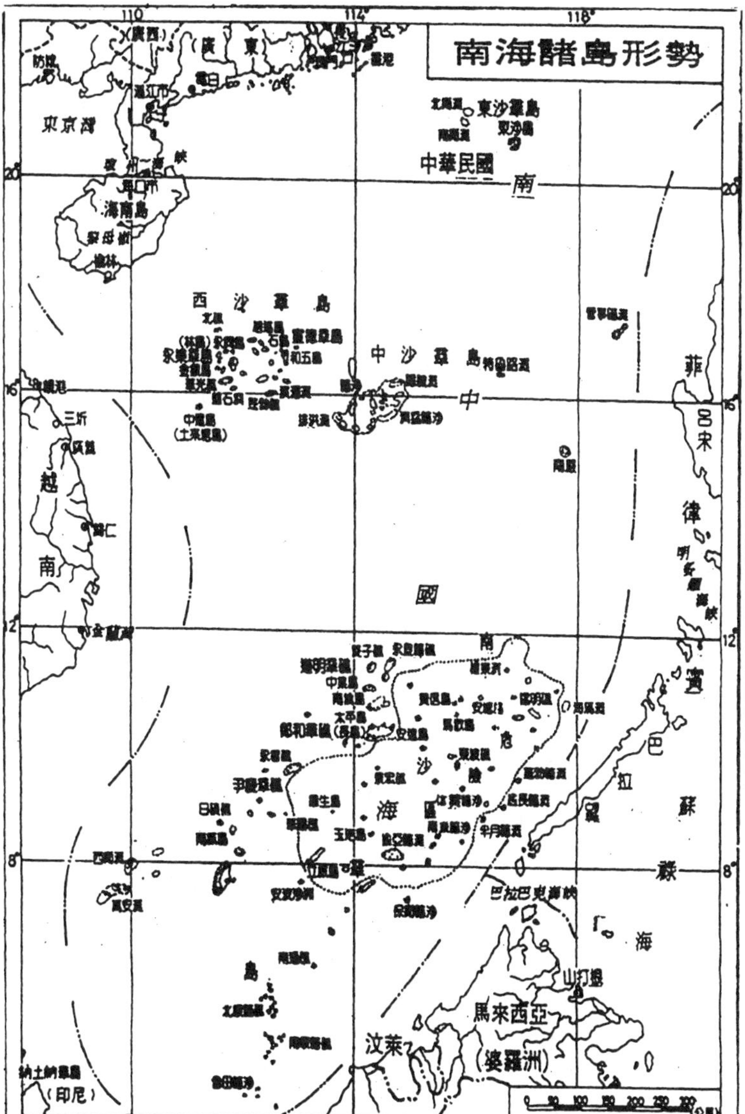
南海諸島形勢
(廣西)
廣東
東京灣
瓊州海峽
海南島
東沙羣島
中華民國
西沙羣島
中沙羣島
南
中
國
海
三沂
越
南
菲
呂宋
律
賓
巴
拉
望
蘇
祿
海
南沙
危
險
太平島
巴拉巴克海峽
山打根
馬來西亞
(婆羅洲)
汶萊
納土納羣島
(印尼)
110°
114°
118°

版的地圖也照此繪製，並注明南海中各島礁歸屬中國，已為國際所公認。

第四項：南海諸島劃歸廣東省管轄

至於南海諸島行政隸屬問題，民國三十六（一九四七）年二月十六日國民政府處字第一三七一號令核准，將南沙、西沙、東沙、中沙四群島一併劃入廣東省政府轄區。國民政府復於卅六（一九四七）年三月十五日處字第四四二號令，將南海諸島「暫行交由海軍管理」。卅八（一九四九）年六月六日總統公布「海南特別行政長官公署組織條例」第一條規定：「海南特區包括東沙、西沙、中沙、南沙群島等大小島嶼、灘、沼、暗礁均屬之。」惟仍由海軍代管。

關於我國經營南沙群島情形，據廣東省主席羅卓英於三十六年三月二日致國防部參謀總長函稱：「……南沙方面向由瓊崖人民自動前往經營情形，前本省農林局水產系曾派員調查，大致該處遠洋漁業，以清瀾、新村、榆林、三亞等港為根據地，漁船由十四五噸至四十噸，漁夫廿五人至四十人，此種漁業以七八隻組成一團，利用東北信號風出海，到各小島嶼（指西南沙等各島）時，則留下漁夫二三人，置備必要之食品，從事於高瀨貝或龜之採捕，母船則遠航於婆羅洲島，亦採捕高瀨貝或龜及海參，至西南信號風起，歸航至各小島嶼，載回前時留之漁夫，一同歸港。」❹

註　釋：

❶ 沈鵬飛編《調查西沙群島報告書》，載於沈克勤編輯之《南海諸島歷史叢書》，台灣學生書局。

❷ 李金明著《南海爭端與國際海洋法》第四七—五〇頁，北京海洋出版社。

❸ 傅崑成撰「南海U型疆界線與線內水域之特殊性」專文，載於一九九三年六月二日台北《聯合報》。

❹ 中華民國《外交部南海諸島檔案彙編》第五六一—五六二頁。

第八節　南海諸島自古以來即為中國漁民漁撈之所

自古以來，中國沿海閩粵瓊台的漁民，世世代代，駛往南海諸島捕魚為生，其中就有人留住在那裡，長期進行開發和經營，發現西沙群島中的甘泉島地下有淡水，掘井取水飲用，以供長期居住。一九七五年中國考古隊在島上發現一處唐宋時期的居民遺址，位於島邊向內傾斜的坡地上，遺址的地層堆積厚度達三十五至九十釐米，先後兩次出土了一百零七件唐代和宋代的青釉陶瓷器，五件鐵刀、鐵鑿，一件鐵鍋殘體，和許多當時居民吃剩下的鰹魚魚骨、各種螺蚌殼，以及燃煮食物的碳粒灰燼。類似人民居住的遺址，在南沙群島中的太平島亦曾發現過。

明朝（公元一三六八—一六四四年）初期，《海道針經》書中記載《順風相送》、《指南正法》，以及漁民代代傳抄的《更路簿》，清楚記述航行至南海各島礁的計路（羅經方位和更數距離），這是中國沿海漁民前往南海諸島作業千百年經驗累積而成的航行指南。

馬廷英先生於一九三七年曾發表〈珊瑚礁成長所需年代之考證〉一文，謂在西沙群島活珊瑚礁下約五英尺處，發現明永樂通寶之中國銅幣，證明中國人民早已在西沙群島經營生活居住，以後有多次陸續發現此類證物。

一九九三年五月，中國中央民族大學教授考古學家王恒杰曾在西沙群島中的北島發現明清時人民居住的遺址。

中國在一九七四年三至五月，由「廣東省博物館」和「海南行政區文化局」派文物考古隊到西沙群島進行文物調查工作。在甘泉島發現一處唐宋遺址，出土了一批唐宋瓷器及鐵鍋殘片。在永興島、金銀島、珊瑚島和五島發現了一批清代及近代的瓷器，一枚宋代銅錢。在永興島、北島、甘泉島、金銀島、珊瑚島等地採集到一批明代和清代的瓷器。據這些出土文物證明，中國人民從唐宋以來就一直在西沙群島居住生活及從事漁捕活動。

中國考古隊亦從寺廟的建築和供器，證明中國很早就已在西沙群島中居住生活，調查報告說：「中國漁民在西沙群島建築的小廟，除甘泉島南面一座是磚牆外，其他都是就地取材，用珊瑚石壘砌的，結構簡單，規模甚小。我們在西沙群島調查到的共有十三座。……關於廟的時代，我們從廟的建築、各種佛像及供器、周圍環境等方面進行綜合考察，有的是明代建造的，大多數則是清代所建。……北島的兩塊清光緒石碑和永興島一九二一年石碑都是在廟的近旁發現的。廟是居住在島上的中國漁民敬拜神明的重要標誌。❶這些居住遺址皆為躲避風雨草棚房屋，門多朝南開，以保持南風的暢通而防避北風的襲擊。這許多遺址和遺物的發現，均可證實我國人民至少自唐代以來，就一直有人居住在西沙和南沙各島從事農魚生產活動。

我國先民居住在西沙、南沙群島所使用的生活用品，多數是從大陸帶去，從歷次出土的文物中均可得到證實。如在永興島出土的五件清代康熙青花五彩大盤殘片，制法精細，為江西景德鎮民窯產品。在金銀島的珊瑚沙中挖出三只相疊在一起的清初青花龍紋瓷盤，完好無損，均為圈足，瓷質潔白堅硬，釉色白中泛青。從這些出土的遺物看，都可證明我國先民均曾在這些島嶼長期居住生活。

我國商船、漁船前往西南沙各島捕魚，有些不幸遇難沉沒，一九七四年海南島瓊海縣漁民在西沙群島的北礁發現了一艘明代沉船的殘骸，打撈起漢至明代的銅錢四百零三點二公斤，及銅錠、銅鏡、銅劍銷、鉛塊等文物，銅錢中有一百四十九公斤（四萬九千六百八十四枚）是明代的永樂通寶，其餘二百一十八點五八公斤（三萬一千二百二十枚）。鑄造的時代不同，計有新（王莽）、東漢、西魏、唐、前蜀、南唐、後周、北宋、南宋、遼、金、元、明等錢幣。從這些錢幣的幣值、書體、紋飾區分，達三百多種。此外，我國考古人員還在晉卿島、廣金島、永興島和金銀島等地，尋找到沉船內其他遺物，以日用陶瓷器最多，隋、唐、宋、元、明、清、直至近代都有，而且都是產自我國浙江、江西、福建、湖南、廣東、廣西等省的窯場。這些遺物所在位置，均是在各礁盤的北部或東西兩側，證明這些沉船多是從我國東南沿海駛至西沙群島的。同時，考古人員還在礁盤上收集到一些石雕遺物，有石獅、石柱、石擔、石磨、石硯、石供器等，從這些石器的花紋圖形或是雕刻工藝上，均具有鮮明的中國產品的特色。

一九九四年七月九日至十九日，中國考古學家又分別在西沙群島的石島和北島發掘出另一批我國先民的遺物。在石島出土的有秦漢時期的壓印紋硬陶、唐代的陶瓷、元代的殘瓷片、明清的殘陶和瓦片，還有西漢時期的五銖錢。在北島出土的有漢代的素面硬陶、唐代的醬釉殘片、宋代青瓷碗殘部、元代的殘瓷片，以器底字款落有「大明年造」、「嘉慶年造」、「萬曆年造」等年款，及落有「萬福攸同」、「天下太平」、「長命富貴」吉祥語文。這批出土的陶瓷器，都是我國各省官窯或民窯的產品，證明了我國先民長期在南海諸島生活居住及經營開發的歷史事實。

中國先民長期在南海諸島經營開發，也把民間崇拜的海神天妃娘娘與土地神，帶到他們所到的各島上，建造天妃廟與土地廟祭拜，祈求天妃與土地神保護他們在海上航行及在島上生活平安，這顯明是中國人最先佔領各島的標誌和紀念。這些廟的構造簡單，規模很小，有的是用大陸運來的磚瓦砌築，多數是就地取材，用珊瑚礁石堆砌而成，據海南島文昌縣東郊鄉漁民王安慶在一九七七年講述：「在南沙各島，凡有人住的地方都有廟，鐵峙（中業島）、紅草（西月島）、黃山馬（太平島）、奈羅（南子島）、羅孔（馬歡島）、第三（南鑰島）、鳥子峙（南威島），都有我們漁民祖先建造的珊瑚廟，漁民到南沙後都要到廟裡去祭拜，祈求保佑平安和漁撈豐收。

中國沿海漁民信仰的媽祖，元世祖至元十八年（一二八一年）封為天妃娘娘，漁民到南海各島捕魚時，就在那裡興建媽祖廟，祈求媽祖保佑他們作業平安，在西沙群島西北角的娘娘廟，有一尊明代龍泉窯的觀音像和一對近代青花瓶。在永興島也興建有娘娘廟，供來島上漁民祭拜。

中國各地鄉間都有土地廟，在南沙群島中的太平島和中業島各有一座土地廟，由幾塊大石板所架成，中間供著石質的土地神像。在南威、南鑰、西月等島也有土地廟。鴻庥島叢林中也有土地廟，太平島土地廟門懸著「有求必應」四個大字，顯然是我國先民在島上留下的遺跡。

中國考古隊記載了一位海南島老漁民蘇德柳在一九二一年抄寫的從海南島到西沙群島和南沙群島的《水路簿》，書由八篇文章組成，重點是前面兩篇。第一篇〈立東海更路〉二十九條，講漁船從大潭（即瓊活縣潭門港）開航到東海（即西沙群島）以及在西沙群島各地之間的航海針位和更數（一更六十里），記錄了西沙群島地名十七處。第二篇〈立北海各縣更路相對〉一一六條，講漁船從西沙群島的三擴（即蓬勃礁）、白峙仔（即盤石嶼）往北海（即南沙群島）的雙峙（即雙子礁）以及在南沙群島各地之間的航行針位和更數，記錄了南沙群島的地名六十五處。……從這兩篇航海更路中可以看到，海南島的漁民對西沙群島是何等的熟悉，他們通過世世代代的航海實踐，對南海群島各地之間的航路方向、距離都瞭如指掌，對南海群島各地的氣象、海洋、物產資源摸得很熟，並用約定俗成的辦法給各島礁取了形象生動的地名，這是需要經過歷代相傳很長時間才能形成的「水路簿」。❷

相傳在明代，海南島有一百零八位漁民結伴到西沙、南沙群島捕魚，途中不幸遭遇海難，全部身亡，後來凡有漁民去西沙、南沙群島，中途遭遇風暴時，就祈求這一百零八位漁民兄弟顯靈保佑，脫險後即在島上立廟祭祀。在西沙群島中的永興島上有一座孤魂廟，就是紀念在海上死難的漁民弟兄，式樣與大陸鄉間的土地廟相似，廟門懸有「兄弟感靈應，孤魂得恩深」的對聯，橫額「海不揚波」木匾一塊。凡是漁民來到永興島，必先往祭孤魂廟。在西沙群島中的北島、南島、趙述島、和五島、晉卿島、琛航島、廣金島、珊瑚島、甘泉島等地都建有孤魂廟。這是中國人民長期開發經營西沙、南沙群島的有力證據。

我國海南島漁民，在每年十一月至四月的魚汛期中，都成群結隊駛往南海各島捕魚，因為太平島有十二口淡水井，可供飲水，他們經常把漁船停靠在太平島休息，修理船隻。在中業島也有一口淡水井，井水清澈可口，可供三五十人飲用。在五六十年前，尚發現有幾間茅屋，是以竹竿為椽，闊葉為蓋，中間鋪草，供漁民休息。

有的漁民經年留在西沙、南沙群島長期居住，在島上從事種植椰子、香蕉、蔬菜、蕃薯為生，死後就埋葬在那裡。海南島之帆船每年攜帶穀米及必需品來此與漁民交易參貝等水產而歸。據南海漁民蒙全洲講述：文昌縣東郊鄉上坡村人陳鴻柏在南沙住了十八年，死後埋葬在雙子礁。在三十年代，長期居住在南沙群島的漁民就有二十多人，分住在南沙群島中的中業島、南鑰島、太平島、雙島、鴻庥島、景宏島、馬歡島、南威島。曾在北子島發現有兩座墳，墓碑分別寫有「同治十一年翁文芹」、「同治十三年吳□□」。在西月島上，也有墳墓三座。❸

中國漁民長期開發經營南海諸島的歷史實證，已充分說明西沙、南沙群島早已是屬於中國的土地。

註釋：

❶ 廣東省博物館編《西沙文物：中國南海諸島之一西沙群島文物調查》，北京文物出版社，一九七五年，第一—二頁。

❷ 中國廣東省博物館編的《西沙文物：中國南海諸島之一西沙群島文物調查》北京文物出版社，第一一—一二頁。

❸ 李金明著：《中國南海疆域研究》第八七—九八頁。

第九節　世界各國史籍載明南海諸島屬於中國

依照國際法，中國歷代對西南沙群島，多次和平且持續的宣示國家的權力（The peaceful

and continuous display of state authority），這是中國政府的意圖或意志的主權行為（Intention or will to act as sovereign）及對該群島之某種程度之權力實施（Corpus），則西南沙群島應歸屬我國所有，殆無疑義。

(一)從各國印行之刊物資料中，均可證明國際間均已承認南海諸島屬於中國：

1. Rand Menally – World Atlas – Goodes Edition 索引內 Spratly Islands（南沙群島）項下 Region 欄註明屬於中國（China）。

2. 地理辭典 *Columbia Lippincotl Gazetteer of the World* – 1962 2nd Print，內中記載說：「Spratly Islands——中文名南威，在南中國海中，屬於中國廣東省的一部分，位於東經 111°55'，北緯 8°38'，長五百米，寬三百米，島上多鳥蛋鳥龜。」

3. 另一地理辭典 *Websters Geographical Dictionary*, Revised Edition, Copyright 1966, by G & C Merriam Co.第八五三及一〇七六頁內，及 *The Columbia Lippincotl Gazetteer of the World*, Copyright 1952, 1962, by Columbia University Press, 2nd Printing 第一四三六及一八一四頁內，對西南沙群島隸屬中國，均有詳細說明。

4. *Larousse International Atlas and Economic*, Librairie Paris 1965 內，南海地圖 Map138（SE Asia）註明西沙島（Paracel Is）及南沙島（Spratly Is）屬於中國（Chungkno）。

5. *Pergamon World Atlas*, Pergamon Press (Oxford, London, N.Y., Toronto, Sydney, Paris, Braunschweig, Tokyo) 各國版本內索引第四四一頁註明西沙群島及第四七二頁註明均

屬於中國。

6. *Gran Atlas Agnilar*, Madrid, 1970, Agnilar, S. A. De Ediciones Juan Bravo, 38. – Madrid, 第二二二頁地圖上註明西沙群島及南沙群島均屬中國。

7. *Hamond's Ambassador World Atlas*, C. S. Hammond d Co. Sit Printing, Feb. 1958 索引中，在西沙及南沙兩群島下，均註明屬於中國。

8. 英國海軍部第九十四號地圖（British Admiralty Chart 94）在該圖第一條附註之尾端，即註明「西沙群島於一九〇九年併入中國版圖」。

9. 英國與美國測量局一九二三年出版之《中國航海指南》（*The China Sea Pilot* Vol.III, Page 60 d The Asiatic Pilot Vol.IV, P119）兩書皆謂西沙群島經中國政府，於一九〇九年併入中國版圖。

㈡第二次世界大戰之後，世界各國都已承認南海諸群島屬於中國領土，並在其出版的圖籍中標明。如美國一九六三年出版的威爾麥克《各國百科全書》明確指出：「中華人民共和國島嶼還包括伸展到北緯四度的南中國海的島嶼和珊瑚礁，這些島嶼和珊瑚礁包括東沙、西沙、中沙和南沙群島。」一九六八年法國國立地理研究所出版的《世界普通地圖》、日本平凡社一九七三年出版的《中國地圖集》、西德一九六八年出版的《哈克世界概要地圖集》、英國一九六八年出版的《今日電訊世界地圖集》，都清楚的將南海諸島標明屬於中國。蘇聯一九六七年出版的《世界地圖集》俄文版和英文版，圖上也都標明東

沙、西沙和南沙群島為中國領土。❶

註　釋：

❶ 史棣祖撰〈南海諸島自古就是我國領土〉載於一九七五年十一月廿五日《人民日報》第二版。

第四章　日本侵佔南海諸島

第一節　南海諸島主權爭議緣起

南海諸島位於北緯23°27′至南緯3°、東經99°10′至122°10′之間，此一廣大海域由東北朝西南走向，東西距離為一三八○公里，南北距離約二三八○公里，總面積約三五○萬平方公里。北部瀕臨中國廣西、廣東、福建、海南、香港及台灣，東部鄰近菲律賓的呂宋島、民都洛島和巴拉望島，南部鄰近馬來西亞的沙巴與沙勞越、汶萊及印尼的納土納群島，西部從新加坡延伸到馬來西亞的東海岸，經過暹羅灣、泰國和柬埔寨，再沿著越南海岸到東京灣。南海諸島由大、小二百三十五個島、礁、沙洲組成，其中僅有二十個島礁可以維持人類生活。

自古以來，南海諸島即為中國瓊閩粵沿海漁民世代生息漁撈之所。到了十五世紀初，明朝欽差總兵三寶太監鄭和率領大軍乘寶船七下西洋，東南亞各國無不臣服，對於中國南海主權，亦從無人敢侵犯。迄至十九世紀初葉，英、法諸帝國競來遠東侵略，瓜分中南半島、越南、柬埔寨、寮國成為法國殖民地，英國佔領了馬來西亞和新加坡，荷蘭吞食了印度尼西亞及菲律賓。光緒九年（一八八三）德國擅自派兵窺測南沙群島，經清廷交涉後離去，其後日本法國進而覬覦南海諸島，遂激起南海諸島主權爭議。

第二次世界大戰之後，越南、馬來西亞、菲律賓起而獨立，進而窺伺南海島礁。到了二十世紀中葉，聯合國亞洲暨遠東經濟社會委員會發現南海蘊藏大量石油及天然氣，更引起鄰近國家竊佔南海島嶼的野心，遂以各種藉口，侵佔南海島礁，企圖開採石油和天然氣。一九八二年四月三十日，聯合國通過了《聯合國海洋法公約》之後，更助長了沿海各國要求對於領海、毗連區、專屬經濟區和大陸架的擴張，包括其領海以外依其陸地領土的全部自然延伸，擴展到大陸邊外緣的海底區域的海床和底土的開發權利，使得南海主權爭議更加複雜糾纏難解了。❶

註　釋：

❶ 李金明著《南海爭端與國際海洋法》第一—二頁，海洋出版社。

第二節　日人侵佔東沙群島經過

清光緒三十三（一九〇七）年，日商西澤吉次曾糾合百餘人於是年六月三十日，乘四國丸輪駛向東沙群島，至七月三日登岸，建宿舍，置響標，懸日旗，改名西澤島，據為己有，從事鳥糞與海產之開發。事為當時兩江總督端方聞之，報於外務部，而電令兩廣總督張人駿查辦，張督受命後，廣事搜集史料，得王之春著《柔遠記》、陳倫炯著《海國先聞錄》、陳壽彭譯《中國江海險要圖說》，及英海軍部製《中國海總圖》等書，均證明該島確實屬於我國。

光緒末年（一九〇八），日本運輸艦二辰丸載日民及軍隊進犯海南島，當地番黎民眾群起反抗，日艦開砲轟擊，兩廣總督張人駿派李準前往交涉，日本自知理屈，對我鳴砲道歉。❶

事後因日人西澤次吉佔領東沙群島，及英領關於東沙島擬建燈塔兩案，粵督張人駿乃興「辦理東西沙島」之念，遂於一九〇九年三月奏扎委請咨議局籌辦處總辦直隸熱河道王秉恩、補用道李哲相，會同籌辦經營西沙群島事宜。王等即設局開辦，委同知邰述堯為坐辦，巡檢黃濟康為文案，縣丞袁武為庶務。成立後，奏定入手辦法大綱十條，前往勘測。履勘人員，為水師提督李準、廣東補用道李哲濬，署赤溪協副將吳敬榮，西人布朗士·孫那，連同文武官佐員生工役等一百七十餘人，分乘伏波、琛航、廣金輪於一九〇九年四月初一出發，前往東、西沙群島，歷時二十二日。

據李準於民國二十二（一九三三）年八月九日在新聞報發表談話稱：「清宣統元（一九

○九）年四月四日，奉前粵督張人駿派赴西沙群島一帶探勘，率海軍分統林國祥等數百人（分乘伏波、琛航、廣金三艦），歷二十餘日，共察勘十四島，所至鳴砲升旗，勒石豎桅，四月十二號到一珊瑚島，見有一八五〇年德人探險刻石，李準命名伏波島，此外各島，均予定名，由海軍測繪生製詳圖，呈海軍部及軍機處，有樣據。」今南沙群島中之李準灘、伏波礁，以及西沙群島的廣金島、琛航島，即為紀念此事而命名。

據李準文案委員汪宗洙回憶說，李準率艦駛抵東沙島時，發現東沙島為日人開駛二辰丸侵佔，遂勒令該船下旗，押帶回黃埔。旋經兩廣總督與日本駐粵領事交涉，因列舉之人證物證齊備，日本領事無言可辨，不得不承認東沙群島為中國領土。由中方按照日人在東沙島所建廠房鐵道等估價，償還日方三萬銀元，乃將該島贖回。❷

李準、吳敬榮等履勘歸來，繪具圖說，提出開辦南海諸島計劃八項，並定開闢崖州之榆林、三亞兩港為根據地，撰有勘查西沙群島小紀奏報後，方擬繼續經營，悉心籌措，期底於成，乃張人駿去粵，繼者袁樹勛，八月以節縻為詞，令撤籌辦處，著併廣東勸業道會同善後局辦理。旋以革命風雲影響，西沙事遂中輟。❸

註　釋：

❶ 中華民國《外交部南海諸島檔案彙編》第五一一頁。

❷ 同前書第五七四頁。

❸ 中華民國《外交部南海諸島檔案彙編》第五五五頁。

第三節　日人盜取南沙群島磷礦

一八九五年，日本佔據台灣澎湖之後，企圖南進。一九〇七年，先侵佔領東沙群島，後被中國政府贖回。一九一五年，日人侵佔南沙群島中的太平島，設立漁業加工廠，從事漁撈及採挖磷礦，後因經營不善而放棄。

一九一七年，日本鼓吹「水產南進」。歌人縣民宮崎等人乘船，潛往南沙群島一帶活動，返日後大肆宣揚，南沙群島是最好的漁場。自此之後，日本漁船大批南下，在我國南沙群島海域從事非法捕魚活動。

一九一七年，日商平田末治、池田金造、小松重利等人組織調查隊，先後到我國西沙、南沙群島進行非法調查。日本拉沙磷礦株式會社於一九一八年十二月派遣退伍的海軍中佐小倉卯之助組織探險隊，駛帆船「報效丸」到南沙群島中的北子島、南子島、西鑰島、中業島和太平島，並在西鑰島樹起「佔有標誌」，其目的就是要侵佔這些島嶼成為日本帝國的新領土。

小倉探險返日後寫了一本回憶錄，書名叫做「暴風之島」，書中記載：他們在南沙二子島遇見三個中國漁民。他們用筆交談，三個漁民自稱：「小人廣東省瓊州府文昌縣海口人」，兩年前來此捕海參，三個人住在此二子島小屋裡。又說：每年陰曆十二月至一月，海南島開大船來，把所捕獲的水產運回中國，三月或四月間，其他的漁夫來此接替，他們三人就可回國。他們還畫了一張南沙群島地圖，並有一個分為十二個方位的羅盤針，所繪地圖的方法大致不錯，各島均有中國地名，例如書中記載中國漁民寫道：「黃山馬峙（日本名為長島）、牙子有多。紅草峙（西青島），生石不白土。鳥子峙（西鳥島）、在西南。雙峙（南二子島及北二子島）上紅草四里，紅草上羅孔（龜甲島）五里。雙峙下鐵峙（三角島）二里，鐵峙下第三峙（中小島）二里二，第三峙下黃山馬二里，黃山馬下南乙峙（南小島）一里。」小倉推測，他們所稱一里約等於十里，由此一記載可以證明日本聲稱南沙群島為「無人之島」，實為包藏禍心之謊言。（詳見《暴風之島》一書。）

一九二〇年日本組織第二次探險，由海軍中佐副島村八率領十八名隊員，乘帆船「第二和氣丸」前往南沙群島，進行他們第二次的非法「探險」，多走了四個島，即南鑰島、鴻庥島、南威島和安波沙洲。拉沙磷礦株式會社社長恒滕規隆遂擅將我國南沙群島改名為「新南群島」，設辦事處於此。一九二一年移居日人一百名，並在太平島上建築宿舍、火藥庫、倉庫、氣象台、鐵路、碼頭、醫院和神社等，開始盜採磷礦，運回日本銷售。一九二三年，又在南子島盜採磷礦，八年期中，盜取磷礦多達二萬六千多噸，迄至一九二九年，因磷礦已開採殆盡，才宣告停辦，撤回全部日人。

第四節　日人竊採西沙群島鳥糞

日人經營西沙群島中之林島（Linchon Island）經過情形，據沈鵬飛在《調查西沙群島報告書》中說：日人利誘商人何瑞年，於民國十（一九二一）年間，以廣東西沙群島實業有限公司名義，向廣東省政府瞞准承辦西沙群島墾殖。旋即私讓與日人開採。日本人所組織之南興實業公司，其在日本名合資會社鳥糞製肥所。製造廠設在日本大阪市港區船町七番地，營業所在大阪市東區備後町二之二一野村三〇七號。日本南興公司遂派日人在永興島上鋪設鐵路、興建倉庫、貨棧、橋樑、辦公室、儲藏室、宿舍、食堂豬舍、雞舍、菜園，挖井、用輪船把他們偷採的磷肥運往日本大阪，經加工精製後出售。據鄺嵩齡教授間接從日本方面調查所得，每年由林島運去之鳥糞，約一萬至一萬五千噸，九年合計已達十多萬噸。在西沙群島捕魚的中國漁民，常遭日人槍殺，或搶奪他們捕獲的魚貨，海南島漁民對於日本人此種橫行霸道，奮起反抗。事傳於內地，粵人群起告發，民十六（一九二七）年，廣東實業所註銷何商承辦。復於民十七（一九二八）年五月廿二日派海瑞艦前往西沙查勘，粵省各機關派員前往，由中山大學總領其事，調查時永興島上孤魂廟峙然留存，歸後輯有《調查西沙群島報告書》❶經中國政府向日方進行交涉，日人被迫於一九二八年春始行撤離。

註釋：

❶ 中華民國《外交部南海諸島檔案彙編》第六六四—六六六頁。

第五節　日軍侵佔南海諸島

中國抗日戰爭期間，日軍於一九三九年一月一十八日侵佔我國海南島後，繼於三月一日進攻西沙群島，三月三十日攻佔南沙群島，易名「新南群島」，並於四月九日以「台灣總督府」名義發表官報，正式宣佈佔領「新南群島」，連同東沙群島、西沙群島一併劃歸台灣總督管轄，隸屬高雄縣治，以之作為前進南洋的潛艇基地，並派員前往調查，鼓勵人民前往投資，以掠奪南海群島的礦產和水產資源。

日軍在太平島及南威島建立機場、營舍、電台、氣象台、燈塔、浮標、修理工廠、倉庫、淡水池等。在開發礦產方面，日本設立開洋興發會社及南洋興發會社，在太平島上設有廠房，工人宿舍、輕便鐵道、棧橋、防波堤、水塔等。在漁業方面，設有漁業公司，建立晒魚場、冷藏庫、瞭望台、醫療所等。日人猶恐經營之不足，更責成台灣之拓殖會社協助開發，計劃移殖台灣人民，前往南海諸島長期居住，企圖將南海諸島建成為日本的「新領土」。迨一九四一年十二月八日，太平洋戰爭爆發，日本即利用南海群島基地，進攻新加坡、安南、爪哇、婆羅州等地。

一九四三年，盟軍反攻，日本在太平洋戰爭節節敗退，太平島上的建築物大部分遭美機空襲擊毀，所建的宿舍、倉庫、晒魚場、冷藏庫、重油庫、醫療室、瞭望台、氣象台、機槍掩體及砲台等均被炸毀。第二次世界大戰快結束時，美軍曾在太平島登陸。一九四五年八月十四日，日軍戰敗投降，英國太平洋艦隊司令福來塞在南威島接受南洋日軍投降。❶一九四五年八月二十六日，日人完全退出南海諸島。

註釋：

❶ 李金明著《中國南海疆域研究》第一〇六—一一〇頁。

第五章　中國光復南海諸島

第一節　國軍接收南海諸島經過

抗日戰爭勝利後，中國政府依據一九四三年十二月一日中、美、英三國簽署的「開羅宣言」，規定「三國之宗旨……在使日本所竊取於中國之領土，例如滿洲、台灣、澎湖群島歸還中國。」中國政府行政院長宋子文於一九四六年八月一日令飭廣東省政府暫行接收東沙、西沙、南沙、團沙各群島。同年九月十二日，中國海軍先行接收東沙群島。同時中國政府訓令海軍總司令部派艦進駐西沙及南沙群島，並指派國防部、內政部、空軍總司令部、後勤部等派代表前往視察。廣東省政府遵令指派省府委員蕭次尹與麥蘊瑜顧問為接收西南沙群島專員前往接收。海軍總司令部遵令指派林遵為進駐西沙及南沙群島艦隊指揮官，負責接收南沙群島工作；派姚汝鈺為副指揮官，負責接收西沙群島工作。接收人員分乘「太平」（艦長麥士堯）、「永興」（艦長馬紀壯）、「中建」（艦長張瑞連）、「中業」（艦長李敦謙、副艦長楊鴻庥）四艦前往。其中「太平」與「永興」兩艦開赴南沙群島，「中建」與「中業」兩艦開赴西沙群島接收。

上述四艦於一九四六年十月二十四日在上海集中，國防部、內政部、空軍總司令部、後勤部代表及陸戰隊獨立排官兵五十九人登艦。十月二十九日由吳松啟航，十一月二日抵虎門，廣州行營代表張嶸勝偕同廣東省政府接收西沙及南沙群島專員和測量、農業、水產、氣象、醫務人員上艦。十一月六日由虎門續航，十一月八日抵達榆林。艦隊在榆林補給後，並招請海南島漁民十餘人做嚮導，出航數次，均因風浪太大而折返榆林。一九四六年十一月二十四日，由姚汝鈺率領的「永興」及「中業」兩艦駛抵西沙群島的武德島（後更名為永興島），在島上豎起「海軍收復西沙群島紀念碑」，碑正面刻「南海屏藩」四個大字，並鳴砲升旗，以示接收西沙工作完成，並設立西沙群島管理處，指派海軍參謀張君然為主任，他在駐島期間，曾刻製一座「海軍收復西沙群島紀念碑」，敘述收復和管理的經過，並刻有參加工作及駐島人員的題名錄，在紀念碑的左後方用磚木建造一座「忠魂廟」，用來紀

中國海軍收復西沙群島紀念碑

念中國歷代為開發西沙群島死難的先烈。❶

林遵指揮官率領「太平」與「永興」兩艦於十二月十二日駛抵南沙群島的「長島」，登岸查勘，島上有房舍及中國古代小寺廟一座，島之中央有水井一口，為紀念「太平」艦接收該島，當即命名該島為「太平」島，並在島上西南方的防波堤末端，豎立起「太平島」石碑，另在島之東端，豎立「南沙群島太平島」石碑各一座，立碑完成，隨即在碑旁舉行接收和升旗典禮。接著艦隊又駛到中業島、西月島、南威島，接收人員分別在島上豎立石碑。同時在太平島上設立「南沙群島管理處」，委派嚴炳芬中校任處長，下設氣象、通信及警衛三組，建立電台及氣象台。駐軍於清除廢墟之後，建造營舍居住。自此每半年或間月，我艦隊前來補給物質，並輸送輪替人員前來接替駐防工作。❷

中國內政部為紀念接收西南沙群島，經商得海軍總司令部同意，以此次所乘軍艦艦名命名接收各島，即西沙群島中之武德島（Woody Island），改名永興島，南沙群島中之長島（Itu Aba Island）改名太平島，其餘各島均由內政部分別命名「中建」、「中業」、「鴻庥」、「敦謙」沙洲等，並刻置石碑，永作標誌。經呈奉國民政府三十六（一九四七）年三月十四日處字第四二八號指令照准。❸

註釋：

❶ 朱偉民撰〈中國收復西南沙群島經過〉一文，載於民國八十四年《傳記文學》第六十六卷第四期第四八—五〇頁。
❷ 吳清玉等撰《抗戰勝利後中國海軍奉命收復南沙群島實錄》，載中國科學院南沙綜合科學考察隊編輯之《南沙群島歷史地理研究專集》，中山大學出版社，一九九一年版第六二—六三頁。
❸ 中華民國《外交部南海諸島檔案彙編》第五七五頁。

第二節　中國對南海諸島的行政措施

中國政府派艦接收西沙及南沙群島時，曾派員對南海諸島巡視勘測。為了確定我國南海諸島主權範圍，中國政府內政部於一九四七年四月十四日邀請各有關機關派員進行商討，會中決定：㈠南海領土範圍南至曾母灘，因為在抗戰前，我國政府機關學校及書局出版物，均係以此為界，並曾經內政部呈報在案。㈡西沙及南沙群島主權之公佈，由內政部命名後，附具圖說，呈請國民政府備案，仍由內政部通告全國周知，在公佈前，並由海軍總司令部將各該群島所屬各島，盡可能予以進駐。㈢西沙、南沙群島漁汛瞬屆，前往各群島漁民，由海軍總司令部及廣東省政府予以保護及運輸通訊等便利。

內政部曾於卅六（一九三七）年正式核定東沙、西沙、中沙、南沙四群島及所屬各島嶼、礁、灘等之名稱，據內政部卅六年九月四日方字第〇八八〇號函通知政府各機關稱：「西南沙群島業經先後接收，關於該兩群島區域，亦經呈奉主席核定，應以各該群島全部為範圍，所有南海諸島位置及名稱，茲經本部製就南海諸島位置圖、西沙群島圖、中沙群島圖、南沙群島圖、太平島圖、永興島及石島圖等六種及南海諸島新舊名稱對照表一種，呈奉行政院三十六年八月廿五日（卅六）四內字第三三八六一號指令，內開『呈悉，案經呈奉國民政府三十六年八月十六日處字第一三七一號令准備案，仰即知照，亦轉知有關機關，此令。』等因，除分行外，相應檢同上項圖表，函請查照。」

至於西沙及南沙群島行政隸屬問題，在民國三十五年接收當時，由廣東省政府管轄，嗣又經內政部呈奉國民政府於卅六年三月十五日以處字第四四二號令准「暫行交由海軍管理」。民國卅八年四月一日，海南特別行政區成立，同年六月六日，總統公佈海南特區行政長官公署組織條例，第一條規定將南海諸島及其他附屬島嶼正式改隸海南特別行政區管轄，惟仍由海軍暫行代管。

書末附錄南海諸島中外地名對照表。

第三節　中日和約日本放棄南海諸島

中華民國與日本於一九五二年四月二十八日在台北簽署和平條約，於一九五二年八月五日經中日雙方政府批准生效。依照中日和約第二條明文規定：「茲承認依照一千九百五十一年九月八日在美利堅合眾國金山市簽訂之對日和平條約第二條，日本國業已放棄對於台灣及澎湖群島以及南沙群島及西沙群島之一切權利、權利名義與要求。」❶

日本在中日和約中，正式承認放棄其侵佔我國原有的台澎及南沙與西沙群島，我國政府因戰勝曾派軍正式予以接收固有的南海諸島領土，自無疑議。

註釋：

❶ 中華民國外交部編印之《中外條約輯編》第二四九頁，台灣商務印書館。

第四節　中華民國海軍巡弋南沙群島

民國三十九年（一九五〇），駐防西沙及南沙群島國軍，暫時撤離。

一九五六年初，菲律賓狂人克魯瑪率領探險隊，侵佔南沙群島若干島礁，宣佈為其所有，意圖建立「自由邦」。中華民國外交部經向菲國多次交涉，發覺菲律賓政府亦有侵佔意圖。❶中華民國政府為維護中國南海領土主權，於同年六月一日特派海軍中將黎玉璽為總指揮，編組立威部隊，由姚汝鈺海軍代將任部隊長，彭運生為參謀長，率領「太和」與

「太倉」兩艘軍艦，及陸戰隊一個偵察排，於六月二日九時三十六分由左營軍港啟航。外交部專員林新民、軍聞社記者羅戡及海軍出版社記者劉期成隨行。五日十四時四十五分到達南沙群島中的太平島錨泊。七日晨，氣候轉好，部隊長姚汝鈺率部隊人員登陸勘察全島，正午舉行升旗立碑典禮，繼由偵察班實施全島地形與水文偵察，並樹立危險標誌，至十日中午全部完成。十三時三十九分起錨駛向南威島，九日上午八時三十分到達南威島，錨泊後，指揮官率艦隊官兵登陸實施勘察，於正午舉行立碑升旗典禮，完成勘察工作。艦隊乃起錨轉航西月島，於十一日十一時三十分抵達，未錨泊，偵察隊即登陸勘察，至十五時全部工作完成，十五時三十分，完滿達成此次巡邏偵察任務，全隊遂離西月島回航，於十四日晨十時安達左營基地。

立威部隊在巡邏途中，曾自海上巡視南子島、北子島、中業島，見島上有灌木及椰子林，未見人跡。在太平島時，順便巡視敦謙沙洲及鴻庥島，見鴻庥島上有椰子樹十餘株，甚高聳。至西月島中，就近巡視南鑰島，見島上有灌木叢林及椰子樹一株，直立島中。航向太平島中，曾航經永登暗沙、中業群礁、渚碧礁及鄭和群礁。駛往南威島途中，曾航經大現礁、小現礁、福祿寺礁、逍遙暗沙、尹慶群礁、中礁、西礁、東礁、華陽礁及日積礁等。自太平島駛往西月島途中，經楊信沙洲、相生礁及長灘礁等。

總計此次中華民國海軍南海巡防，曾登陸南沙群島中三個大島、巡察五個小島、一個沙洲，經過三個暗沙、三個群礁、十二個礁，達成維護領土主權目的。❷

註釋：

❶ 中華民國《外交部南海諸島檔案彙編》下冊第一〇八七頁。

❷ 《海軍巡弋南沙海疆經過》，載於《中國南海諸群島文獻彙編之九》，台灣學生書局。

第五節 中華民國恢復太平島駐軍

中華民國政府為鞏固南疆，確保我國領土主權，杜絕外人覬覦，經有關部會決議，恢復南沙守備區，派兵駐守，呈請總統核准，指令海軍編組威遠特遣支隊，任命海軍上校謝祝平為指揮官，率領「太康」、「太昭」兩艘護航驅逐艦，戰車登陸艦一艘及「中肇」運輸艦一艘，裝載人員物資，進駐南沙群島。

威遠支隊於一九五六年六月廿九日編組成立，完成物資裝備，於七月六日自左營啟航，十一日駛抵太平島，即派偵察班乘橡皮艇先頭上岸偵察搜索，無人居住，南沙守備區指揮官陸戰隊中校尹世功遂率領守備部隊人員及通信器材與物資卸搬運，積極清理島上環境與佈防，宣告南沙守備區成立。

七月十四日，「太昭」艦偵察中業島，上午八時由太平島開航，十時三十分抵達，十二時三十分，偵察班乘橡皮艇登陸後，分三組進行搜索，島上無人居留，島之西端有旗桿及旗繩，下有竹編茅柵兩間，當即予焚燬，以免非法入侵之徒利用。

七月十五日，「太康」艦前往偵察敦謙沙洲，上午八時開航，九時三十分抵達，偵察班登陸搜索，在椰樹上發現一塊木牌上，為菲人克魯瑪所書「此島為菲律賓馬尼拉律師克魯瑪宣稱佔有，成為自由地之一部分」（This Island is claimed by Attn Tomas Cloma and Party Manila, Philippines and forms part of Freedom Land），當將其取下攜返。

七月十七日上午八時，「太昭」艦由太平島開航，十時五十分駛抵西月島，偵察班當即乘橡皮艇登陸搜索，無人居留，島之南端，我立威部於一九五六年六月十一日所豎立之國旗，仍飄揚於島上。旗桿以南靠海邊有石板架成之小廟一座，無神位，旗桿下有石碑，上題「西月島」，旁刻「中華民國三十五年十二月立」，仍完整無損。

七月十八日上午八時，「太康」艦自太平島駛往鴻庥島，九時抵達。偵察班乘橡皮艇登陸搜索，發現菲人克魯瑪所留木板一塊，釘於樹上，其上以黑漆書寫，文字與敦謙沙洲發現者完全相同。島中央有椰樹十餘株，可為航行目標。

艦隊於七月十八日下午四時自太平島向南威島航進，七月十九日上午十一時十分抵達，偵察隊乘橡皮艇在該島北部登陸。中華民國三十五年十二月所立石碑及四十五年六月十日設立旗桿及國旗，均尚完整，惟國旗下半幅已被風雨損毀。島上海鳥無數，鳥卵及雛鳥，俯拾即得。

七月二十日，「太康」艦巡駛南鑰島，中午十二時五十一分抵達，偵察班登陸搜索，島上均為灌木叢林所覆蓋，僅有水泥塊築成小廟一座，高約一公尺，內置壺一柄及飯碗數個，均予攜回返艦。

艦隊於七月廿二日上午九時三十八分，駛抵南子礁，偵察班在東岸登陸，島之南端有椰樹數十株，其中一株上刻有中文，大意為「請保護椰林，勿加毀壞」，因字跡模糊，已不復全部辨認。椰林以西有石堤，係以島上礁石塊壘成，堤內有洋芋頭類植物。

二十二日下午二時，「中肇」艦駛抵北子礁，偵察班在島之東南端登陸，東南沙灘上橫臥巨木一根，尚有菲人克魯瑪所書「This Island was claimed by Tomas Cloma」等字，其餘字均為沙埋沒，不可辨認。經工程人員實地勘察，島之西北區，擬建燈塔。

威遠部隊進駐及搜索任務完成後，即在太平島上舉行升旗典禮，參加官兵二百餘人，謝祝平指揮官勉勵駐守官兵誓死達成守土衛國之神聖使命，中華民國青天白日國旗將永遠飄揚我南海海疆。❶

一九六〇年九月間，台灣省郵政管理局在太平島設立郵政代辦處，並規定該代辦處隸屬高雄郵局管轄，後改隸台北市郵局管轄。一九六六年及一九七四年，我政府曾先後派遣艦隊巡視南沙群島，並慰問太平島上之駐軍及氣象台人員。一九七四年八月起，台灣與太平島之間開始定期海軍巡弋。太平島設有小型碼頭，跑道及氣象觀測站，定時播送高空氣象訊息，為國際航空器提供服務。

註釋：

❶《海軍巡弋南沙海疆經過》第一三二——一五六頁，台灣學生書局。

第六節　太平島設立南海資源開發所

自民國五十二（一九六三）年，國軍退除役官兵輔導委員會於太平島設立「南海開發小組」，在太平島從事廢鐵打撈及磷礦開發等工作，打撈工作至民國五十五（一九六六）年結束。民國五十七（一九六八）年將南海開發小組擴編為「南海資源開發所」，將工作範圍擴及東沙群島，分設「東沙工作站」，另在南子礁增設工作站，各站均設主任，下有技術人員及退除役人員多人，各島作業人數經常在一百五十人左右，專門從事磷礦之開採。島上建有宿舍、廚房、倉庫、水井等設施。民國六十（一九七一）年，我國政府在太平島添建磷礦粉碎加工廠，並舖築輕便台車鐵軌，擴建簡易碼頭，增設發電機，擴展生產設備，工作人員亦隨之大量增加。

第七節　成立南沙島太平漁村

一九八八年六月三十日在東沙島上建立「南海屏障」國碑，以宣示主權。

駐防太平島官兵克服了氣候與水土不適的困難，培育出肥美碩大的瓜果。

南沙太平島面積有八十九英畝，島上居民多為駐軍及漁民，自行成立「南沙島太平漁村」。台灣農業試驗所派遣技術人員，到島上研究熱帶蔬菜的栽培，協助島上軍民用椰樹葉圍成菜圃，種植芥蘭、白菜、空心菜。屏東縣政府贈送椰子樹苗在島上種植，居民又在島上種植木瓜、芭樂、香蕉及絲瓜，結實纍纍。台灣水產試驗所在島上設立工作站，研究南沙海域的熱帶漁業。居民在島上長期居住之後，已有人養雞、餵豬、飼牛、牧羊，改善日常生活。太平漁村自治會議主席戚桐欣說：「在南沙島上生活過一段時間，他會了解當地居民日常生活魚肉蔬菜並不缺乏，最缺乏的是精神食糧。現在在全島中央設立一個文康中心，藏書有六千餘冊，其他還有桌球、棋藝、音響樂器、閉路電視等設施，一應俱全。另外設有福利營站，供應生活用品。並設有診療所，有內外科醫師，提供軍民醫療服務。」

第八節　國際組織承認南海諸島屬於中國

第一屆國際民航組織太平洋地區飛航會議於一九五五年十月廿七日在菲京馬尼拉舉行，出席國家有澳大利亞、加拿大、智利、中華民國、多明尼加、法國、日本、韓國、寮國、荷蘭、菲律賓、泰國、英國、美國、紐西蘭、越南十六國代表，會中討論我國各氣象台站地面及高空氣象報告之收集及發送時，曾由英國代表及國際航空運輸協會IATA代表提議，南沙島每日四次之PIBAC氣象報告，爰經大會通過第廿四號決議案，請「中華民國補充南沙群島每日四次之高空氣象觀測。」又該會之氣象委員會開會時，鑑於噴氣航空即將定期飛航於該地區，迫使氣象情報之搜集必須擴及四至五萬呎高空。該委員會以東沙、南沙、西沙各群島位於太平洋之要衝，各該地之氣象報告，攸關國際飛航安全，故與會各國一致要求中國政府竭力設法，俾便獲得上項資料，傳送各地應用。該氣象委員會由菲國代表 J. F. Flores 擔任主席，法國代表 J. P. Barberon 於通過上述議案後，再提請大會無異議通過本案。❶

民國四十九（一九六〇）年，我政府應第一屆國際民航組織太平洋地區飛航會議之請求，將南沙群島原有氣象站擴充為氣象台，增加儀器及工作人員，由原有之每日播報氣象資料兩次改為每日播報四次，並報告四萬至五萬呎高空氣象，以利國際民用航空器之飛行。

南子礁為南沙群島之極西北，西北側端為國際航線必經之地，為履行地主國義務便利世界航運起見，我政府曾在民國五十（一九六二）年在南子礁西端建立雷達反射鐵塔一座，高達十五公尺餘，支架均用鋼筋水泥柱墩建成，極為堅固，鐵架上端釘有「中華民國萬歲，蔣總統萬歲」十一個大字，壯觀醒目。

東沙氣象台台長郭秋生留影

一九六七年世界氣象組織（WMO）推行「世界天氣守值計劃」（World Weather Watch Program），簡稱三W計劃，中華民國以「志願援助方案」（Voluntary Assistance Program）方式提出申請，至一九七〇年美國駐世界氣象組織常任代表 Robert M. White 出函表示，美方願意贈送探空裝備，世界氣象組織始正式核准在東沙島設立探空台。中華民國政府指令海軍從事籌建工作，經海軍一再努力，東沙

探空台乃於一九七三年二月一日正式開播，並轉知美、日、泰、菲、越、韓等國氣象局，履行國際氣象守值任務。❷

世界氣象組織編頒之No.9, T.P.4 Volume A 氣象觀測站名錄中，將中華民國設在東沙群島及南沙群島的氣象台羅列在內。該組織一九六八—一九七一年推行 World Weather Watch 三W計劃，援助建立東沙、南沙兩群島探空站二處。世界氣象組織既已將中華民國在東沙群島及南沙群島氣象台列冊多年，並予以援助，迄未有任何會員國提出異議。

註釋：

❶ 國際民航組織（ICAO）文件 Doc 3634PAC/1 MET SECTION。

❷ 前東沙氣象台長郭秋生撰〈海軍興建東沙探空台始末〉，載於二〇〇八年五月號《中外雜誌》第八十三卷第五期。

第九節　國際合作勘測中國南海

關於國際合作勘測中國南海案，始於一九六四年十一月，聯合國亞洲暨遠東區製圖會議，第四屆會議在菲京馬尼拉召開，菲律賓代表曾在會中提案籲請國際合作勘測「巴拉旺以西部分中國南海海域」，因其說明中有「……本區域之所以未經完全勘測或由於經費無著，或由於技術不足，或由於本區域不屬於任何一個國家領域……」我國代表團深感驚異，經向大會及各國代表提送備忘錄，並在會中說明，南沙海域屬於中國領土，乃經大會決議對於本案由有關國家先行會商研究可行辦法，並由菲律賓召集，至勘測範圍應將已有主權部分除外，惟菲國未召集會商。一九六七年聯合國製圖會議第五屆會議在澳洲舉行，決定成立南海勘測通信工作小組，由日本召集，菲國擔任秘書。日人曾多方搜集有關資料與海圖，並於一九六八年七月在東京召開小組會議，我國曾派代表參加，並在會中提出書面聲明，表明我國政府對於南海勘測案願予合作支持，但不得妨害我國領土主權，實施勘測時，並應先行徵得我政府之同意，並經分送我國南沙群島所屬礁島之名稱及位置圖，供日、越、菲、澳、美等國代表參閱。該小組會並將會商情形作成工作報告及提案，提報第六屆製圖會議。第六屆製圖會議於一九七〇年十月廿四日至十一月七日在伊朗首都德黑蘭舉行，會中我國代表曾多次發言及分送書面文件，說明我國對於國際合作勘測中國南海案之立場，同時強調我國南沙群島領土主權之不容損害，並要求將此項聲明列入本次會議記錄，決議案起草委員會亦已同意將此項聲明摘要在決議案初稿中予以附註分發各國，但在正式提會討論時，因英國及印度代表之反對而未獲通過，但其反對之理由僅為：「此係技術性會議，不應將政治性問題牽入。」會中決議由中、菲、越、泰、印、馬六國成立「中國南海海道測量委員會」，由菲律賓擔任秘書，籌辦召集會議。對於我國代表強調南沙群島為我國領土，從未有任何代表提出任何不同意見。

一九五七年，美軍為勘測南中國海域及研設導航設施，曾由美國駐華大使藍欽正式向中華民國政府申請，由美軍駐菲律賓之空軍人員在南沙群島區域實施海圖測量及氣象調查，經我政府核准實施。美軍在南沙群島之活動及設施，主要為便利美軍海面及空中之航行各項工程，迄至一九五八年完成。❶

民國三十八（一九四九）年一月二十八日，中國海軍南沙群島管理處主任彭運生中校，曾以地主身分，在太平島接待乘 CAPES-504 號軍艦前往南沙群島搜尋一架美軍失事飛機，並向前來之美菲人士鄭重表示，此乃中國領土，應取得我方同意，始能進行搜尋工作，次日取得我方許可及在彭主任率領之海軍人員陪同下，始進行搜尋工作，當天下午四時許駛離南沙群島，證明美國承認南沙群島為我國領土。❷

註釋：

❶ 民國四十五年五月廿五日台北《中央日報》刊載，彭運生談南沙群島之報導。

❷ 中華民國《外交部南海諸島檔案彙編》第一一六八—一一六九頁。

第十節　中華民國設立南海小組

中華民國行政院於一九九二年核定在內政部設置「南海小組」，提出「南海政策綱領」草案，明確宣示：南沙群島、西沙群島、中沙群島及東沙群島，無論就法理、歷史、地理及事實，向為我國固有領土一部分。明定我國南海政策的基本目標為維護南海諸島及南海水域的權益，並促進和平開發與管理。實施原則有四：㈠堅定維護南海主權；㈡加強管理南海開發；㈢主動促進南海合作；㈣和平處理南海衝突。未來我國將在維護南海主權原則下，加強辦理南海開發。其近程工作目標包括進行海洋科學調查，改善南海交通設施，加強氣象設施及功能，及加強海域巡邏警力等。

一九九三年「南海小組」於九月六日召開南海問題討論會。行政院連戰院長在會中宣示：無論就法理或歷史來看，任何國家都無法否認南海諸島的主權屬於我國。我國有誠意透過和平理性協商，與南海各國充分合作進行科學研究、資源開發及海域污染防治工作，我國政府也願以服務國際為目標，提供海上急難救助、打擊犯罪、維護海上安全及國際氣象播報等項工作。

南海問題討論會經過朝野研商，作成多項結論：㈠對於主權問題，因周邊國家與我無外交關係，決定暫不處理現有南海主權紛爭，加強國際合作；㈡建制東沙及南沙保警中隊，掃蕩海上犯罪；㈢加強海軍巡弋，防制海盜，機動護魚；㈣興建東沙及太平島碼頭及機場；㈤在太平島興建氣象觀測站及長途電話設施等。

中華民國國防部於一九九二年十月公告說：東沙島及南沙太平島的限制空域，是其周

民國七十九年(一九九〇)，國府南海小組一行登上太平島，再立「南疆鎖鑰」國碑，昭告各國主權不容侵犯。南海小組豎立國碑後，在碑前合影留念。

邊海面六千公尺上空，限制海域範圍為周邊海面六千公尺，禁止海域是四千公尺。非中華民國國籍船舶或其他運輸工具或人員，不得入出本海域限制區，凡外國船舶進入限制海域者，應實施監視，並視狀況實施警告射擊，進入禁止海域者，實施驅離射擊，驅離無效或有敵對行為者，予以擊燬。

一九九四年四月，中華民國政府派警政署保七總隊警艇至南沙海域執行巡護任務，從事救護、驅逐外國非法漁撈，保護海岸免於污染等水上警察任務。一九九五年三月二十五日，中華民國駐太平島守軍向航經南沙群島的越南運輸船進行砲擊事件，越南政府提出抗議，我國拒絕接受，表示守軍是依照規定，凡非中華民國船隻接近至外島六千公尺範圍，即需實施驅離射擊。

第十一節　中華人民共和國對南海諸島的行政措施

中華人民共和國於一九四九年十月一日宣佈成立，為確保中國對南海群島的主權，曾採取以下各項重要行政措施：

㈠中國國務總理周恩來曾於一九五一年八月就金山對日和約內容發表聲明，強調包括西沙群島和南沙群島在內的南海諸島向為中國領土，不因該和約之內容，而受影響。

㈡一九五〇至五六年，中華人民共和國「廣東省海南行政區」派遣人員到西沙群島調查勘測、捕撈水產、開採磷肥、建立氣象台，並對西沙群島的漁民進行管理。

㈢一九五八年，中共頒佈「領海宣言」，規定將直線基線及十二海里領海寬度適用於南海諸島。

㈣一九五九年三月，中華人民共和國海南行政區在西沙群島的永興島設立「西沙、南沙、中沙群島辦事處」。一九六九年三月，該辦事處改稱「廣東省西沙、中沙、南沙群島革命委員會」。

㈤一九八四年五月三十一日，六屆「人大」二次會議通過國務院所提關於成立「海南行政區政府」的議案，決定撤銷「海南行政區公署」，另外海口設立「海南行政區政

海南省西沙、南沙、中沙群島工作委員會辦事處

府」，把西沙、南沙和中沙群島的島礁及其海域納入管轄。❶

㈥中國科學隊於一九八七至一九九一年在南沙海域進行綜合性物理調查和探測。

㈦一九八七年上半年，中國兩次組織海軍聯合機動編組，在太平洋與南中國海進行多艦種及多科目的聯合作戰演習。一九八七年底，中國海軍再次由多艦種聯合編隊舉行一次大縱深高強度的演習，艦隊曾經到達南沙群島最南端的曾母暗沙。

㈧中國根據聯合國教科文組織決議，一九八八年在永興礁建立海洋觀測站和助航標誌、油庫、水庫及長三百公尺可靠泊四千噸船艦碼頭的人工島，同時進駐渚碧礁、赤瓜礁、華陽礁、南萬礁、東門礁。一九九二年進駐南威島。海南島建省時，成立海洋所，統一管轄南海諸島事務。

㈨中國政府於一九九二年制定「領海暨毗連區法」，宣示中國陸地領土包括南海諸島。

㈩根據一九九六年五月十五日中華人民共和國關於領海基線的聲明，西沙群島領海基線採用直線基線，即從東島一號基點順時鐘旋轉，經浪花礁、中建島、北礁、趙述島、北島、中島、南島等二十八個基點，再到東島一號基點，成封閉型的折線，基線內之水域為內水，中國在其中享有主權。❷

㈩中國在西沙群島中的永興島建有長二、五公里的機場跑道。機場修建導航雷達站，設有四個大型油庫，可以作為戰機前進基地，並建造超級資訊監聽站，可以檢測整個南中國海。❸

註　釋：

❶ 一九八四年七月廿二日《香港明報》第五頁新聞報導。

❷ 中國國家海洋局政策法規辦公室編《中華人民共和國海洋法規選編》第十一頁，海洋出版社一九九八年版。

❸ 二〇〇八年九月《漢和防務評論》月刊報導。

第六章　法國覬覦西南沙群島

第一節　法國承認西沙群島屬於中國

越南自秦漢以來即為中國藩屬，清朝咸豐同治年間，法國竊據越南南部。光緒九年至十一年間，中法為越南發生戰爭，互有勝負，但清廷仍在一八八五年與法國訂立越南條約，承認法國對越南的統治權。初期法國尚無意於南海中的諸島，承認西南沙群島為中國所有。

清朝水師提督李準於一九〇九年調查西沙群島經過情形，在其《巡海記》中稱：「東沙島之案既終，因思粵中之海島類於東沙者必不少。左翼分統林君國祥，老於航海者也，言於余曰：『距瓊州榆林港迤西約二百海里，有群島焉，西人名之曰怕拉沙爾埃倫（Paracel Island）。』」即西沙群島。李準率艦駛抵西沙群島之林島（Woody Island）、東島（Lincohn Island）等島，擬定諸島名稱，書立碑記，豎旗鳴砲，正式宣告中外，南海諸島均為中國領土。❶

一九二一年八月二十二日，法國內閣總理兼外交部長白里安承認「中國政府自一九〇九年已確立在（西沙群島）自己的主權，我們現在對這些島嶼提出要求是不可能的。」

一九二五年七月，設在安南芽莊的法國海洋研究所的科學家到西沙群島的林島進行勘測。一九二六年七月，法國軍艦又到西沙群島測量海域和島嶼。其意圖顯然在覬覦西沙群島。

一九二九年法國駐印度支那署理總督承認：「根據各方報告，帕拉賽爾群島（Paracel Islands 即西沙群島）應屬於中國所有。」

一九三三年五月廿二日法方出版之 L'Eveil de L'Lndochine 第七百三十八號第五一六頁所載越南總督府第一科長 A.E. Lacomle 於一九二一年五月六日之機密備忘錄中，載有一九二〇年九月二十日日人 MITSUI BUSSAN KAISHA 致越南海軍部 Captain Remy 信中詢及西沙群島是否法國之領土時，Capt. Remy 於同年九月二十四日覆信稱：尚未能從海軍部之文獻中，證明該群島係法國所有，且謂非法國領土。一九二〇年九月二十八日巴黎政府第二〇六號公文，飭令越南西貢海軍部，謂該部對西沙群島資料之搜集，均無結果，應找出有力之文件，確切證明該群島之國籍。該海軍部直至一九二一年一月廿三日，始用第五六九號公文覆巴黎稱：中國於一九〇九年宣稱西沙群島主權屬於中國，此外別無其他有力資料。可見法國當時承認西沙群島為中國領土。

據廣東省第九區行政督察專員黃強致函外交部長稱：「職於民十七（一九二八）年服務

南區善後委員公署時，曾派員前往西沙群島調查。民十（一九二一）年至民十七（一九二八）年間，曾一度為日人所經營，當調查時，各項建築物尚存遺跡。前國防會議議決，由粵派警察若干前往該島駐守，並設燈塔以明主權，祇以其時粵局尚未統一，故未有辦理。」一九二七年發生日軍砲擊我方漁民之事，廣東綏靖主任公署特派調查組第四組組長雲振中六月來瓊前往偵查。職當派瓊山縣政府建設局局長余謙會同該組長及陸軍第一五二師副旅長葉賡常、本區保安副司令王毅等於是月二十日乘海周艦由海口起程前往密查，同月二十四日查探完畢，回抵海口。據報：先到林島、繼到石島、再到玲洲島、北島調查，均無日人蹤跡。調查完畢，於林島立石三方，石島立石一方，玲洲島立石三方，北島立石六方，均深藏土中。❷

一九二九年正月，安南高級留駐官福爾受總督之委託，就安南王朝檔案，覓取關於西沙群島之記載，其報告有云：「西沙群島為零星散布之珊瑚小島，附近又多沙礁，荒涼而貧瘠，故在十九世紀初年以前，殆為甌脫之地。」據丹勃爾（Mgr. Jean Louis Taberel）主教所著之越南地理，曾經譯為英文，並於一八三八年發表於孟加拉之「亞細亞學會」，其中曾載一八一六年，越南王嘉隆佔領西沙群島之事。根據於此，嘉隆王曾否親及此地，或尚難置信。……時至今日，安南與西沙群島可謂已一無關係，沿岸漁人或船主，無人前去，且已不知有此群島。❸

一九〇八年，英國領事請求我國在西沙建設燈塔以保航船安全，後復經由海關轉據航業關係者之請求，呈請我政府建設燈塔。一九三〇年四月間，香港召集遠東觀象會議，安南觀象台台長勃魯遜（E. Bruson Bruzer）上海徐家匯法國觀象台主任勞積勛（L. Froc）與會，亦共同請求我國代表在西沙建設觀象台。此皆足證明英法兩國均承認西沙群島歸我國管轄。

一九三〇年七月九日，廣州法國領事曾向其外交部報告稱：「七月九日，南京政府行政院，舉行七十七次行政會議，由譚延闓主席，共同討論交通部海軍部聯合提議，關於西沙群島建設無線電台及氣象台之計劃。初，一九二三年海軍部即有前項建議，最近廣東省政府提議實行斯議。故國民政府令兩部核。……行政院當即照准，並特轉飭所屬。」可見當時法國仍認西沙群島為中國領土。❹

民國廿二（一九三三）年九月一日，中國政府國防委員會第六十七次會議決議：「由行政院電廣東省政府派人在西沙島設燈塔及其他航海標誌並籌設警政。」這是中國政府應國際航業界請求在西沙群島所採取之行政設施。

註釋：

❶ 李準〈巡海記〉載於《國聞週報》十卷三十三期第一—六頁，民國二十二年八月十一日。

❷ 《中華民國外交部檔案彙編》第三六四—三六七頁。

❸ 胡煥康著《法日覬覦之南海諸島》。

❹ 杜定遠撰〈西沙資料目錄編後記〉，載於《中國史學叢書》第三十五續編第二八七頁，台灣學生書局。

第二節　法國覬覦西沙群島

自日本南興實業公司在西沙群島開採磷礦後，引起法國警覺到西沙群島位於海南島與越南會安港之間，是東京灣的門戶，具有重要的軍事戰略地位。一九三〇年法國遂派艦窺測西沙群島。

一九三一年，法國上議院議員暨海事委員會副委員長斐雄（Bergeon）兩次在《輿論報》發表署名文章，要求佔領西沙群島，「歸併於越南聯邦」。因此法國政府尋找各種藉口，企圖將西沙群島歸為己有。

一九三二年一月七日中國駐法使館報稱：法國外交部面交節略，以七洲島（又名七洲洋，西文總稱 PARACELS，即西沙群島）向屬安南王國，一八一六年嘉隆（Gia Long）王正式管領該島，並樹立旗織。一八三五年明命（Ming Mang）王復遣人至該島建塔及石碑。希望共同解決此項法權問題。❶

中國外交部接駐法使館轉呈該節略後，即從事調查真相。經查越南歷史檔案《大南一統志》廣義（省）第十五頁記載：黃沙島在平山縣里山島之東，自沙奇海岸放洋，順風三四日夜可至……島之中有黃沙洲，平坦廣大，俗稱萬里長洲，洲水甚清，上有甘井，海鳥群集，不知幾極，所產多文螺、海參、玳瑁、龜鱉等物，元清船貨匯集於此。……明命初，裳遺官船至其處採放海程，有一處白沙堆，周一千七十丈，樹木森茂，堆之中有井，西南有古廟，不知何代所造，廟碑刻「萬里波平」四字，舊名佛山。❷

關於越南所稱一八一六年，嘉隆王佔有西沙群島正式豎旗等語。經查《大南一統志》及《皇越地輿志》兩種越南官方史地書籍，均無此項記載，僅見於巴黎地理研究協會所出版之一九三三年十一月十二月號之《地理雜誌》（*La Geographie*）引述 Caberd 所著《交趾支那地理書》（*La Geogaphie de la Cochinchine*）內所載之語。該書係於一八三八年出版，後經譯成英文，在 Calcutta Asiatic Society of Beng 報發表。

中國外交部，並分別咨請內政部、海軍部、參謀本部、廣東、廣西兩省政府、瓊崖特別區長官公署，查明西沙群島確屬我國管轄，曾於廿一（一九三二）年七月廿六日電令駐法使館向法國外交部嚴重駁復。內稱清光緒十一（一八八七）年六月廿六日，中、法、越南續議界務專條第三款規定：「廣東界務現經兩國勘界大臣勘定邊界之外，芒街（MONCAY）以東及東北一帶所有商論未定之處，均歸中國管轄，至於海中各島，照兩國勘界大臣所劃紅線向南接劃，此線正過親古社（Tchakou）東邊山頭，即以該線為界，該線以東海中各島歸中國，該線以西，海中九頭山及各小島歸越南。」查越南與廣東交界之處，係以竹山地方為起點，約在北緯二十一度三十分，東經一百零八度二分，安南海岸且在竹山迤西，依據由芒街向南經親古社直劃之海中界線而論，西沙群島遠在該線之東，其主權屬於我國至為明顯。

法國外交部於一九三三年九月廿七日覆文辯稱：該紅線向南接劃如不認作局部界線，而可延至西沙群島適用，則不但越南多數島嶼應為我國領土，即越南本陸之大部亦然，實屬不可能之事。法國此種解釋歪曲事實，因該款所述「紅線向南接劃」之意義，乃準對上句「海中各島嶼」而言，今西沙與南沙兩群島位居南海中，是則該南線應在南海範圍內直向南接劃，直至南海邊境而接近大陸為止，方為正論，並非如法國所稱不近人情之強辯。

法國政府提出越史中所載嘉隆（Gia Long）王朝曾於一八一六年佔領西沙群島，僅見於一八三六年出版大比得 Taberal 教士所著之《交趾支那地理書》中。查一八一六年安南尚隸屬於中國，在勢在理，那有屬國侵佔宗主國領土之事理。而且中國歷史書籍中，均無該群島曾為屬國安南佔領之記載，且現時亦無塔影碑跡。此外，在越史《大南一統志》所載：「在西沙群島中之林島上有一古廟，名『孤魂廟』，不知何年代所建。」是則該廟是建在安南人發現西沙群島之前可知，而在「孤魂廟」之廟碑上，刻有「萬里波平」四字，此顯非安南人所建之華文碑碣，因此確定此為中國人所建無疑。法國駐華使館秘書博德 Baudet 承法使韋禮敦 Wilden 之命，於一九三三年八月五日附同略圖來文：「承認西沙群島之最南（中建）島（Triton）為中國之最南領土，中華民國分省地圖載明西沙群島內之 Triton 島為中國極南之地。」至少法方已承認中國之最南領土為西沙群島之最南（中建）島 Triton，由此

足證法方固明知西沙群島素為中國領土。❹

中國外交部徐謨次長於民國二十三（一九三四）年十二月二十日會晤法國駐華大使稱：現在中國政府為航海安寧起見，擬在西沙群島建一氣象台，一切計劃業已擬妥，建築材料亦已將次運往。由中國政府在該島建築氣象台，於遠東氣象會議時固為貴國代表所提議，現在中國政府實行建築，貴國政府當無異言。法使答稱：關於該島主權問題，本國政府仍應保留待商。❺

民國二十五（一九三六）年，中華民國政府撥款二十萬元，在西沙群島設立氣象台，無線電台及燈塔等項設施。

一九三五年一月三十一日，外交部五省視察專員甘介侯呈外交部報稱：關於瓊崖西沙群島實業公司商人何瑞年等請承墾西沙群島一案，奉前廣東省長陳令飭派員協同該商前往測勘該島，案內據該測勘委員陳明華報經測勘島嶼，有名北島、中島、南島、樹島、多樹島、玲洲島、呂島、筆島、都島、登島計共十島，均在崖縣東南方；各島均有我國文昌、瓊東、樂會三縣漁民，居住其地，採海及種植。並經傳詢該前委員陳明華，據稱與前勘報情形相同，並稱該群島上，均建有小神廟，其中一廟稍大，廟貌甚古，內有一百零八兄弟神牌一座，為該島漁民歲時奉祀。❻

一九三七年五月二十六日，中國外交部令駐法大使館稱：依照一九三三年一月間法外部節略，以㈠《大南一統志》卷六載有「阮朝初年設黃沙隊，以安永村七十人組成，每年三月乘船至西沙群島漁釣，八月回國，將所得貢諸京師。」㈡一八一六年，嘉隆王正式佔領該群島，並樹立旗幟。㈢一八三五年，明命王遣人至該群島建塔立碑各節。查關於第㈡節嘉隆王佔領該群島一層，聞該書係轉據一位法國傳教士塔伯德神父 Mgr. Jean Luis Taberd 在一八三七年所著 *La Geographie de la Cochinchine*（Note on the Geography of Cochinchine），記載嘉隆王一八一六年曾親至該島樹旗正式佔領之語。但此項記載，印證諸越南報紙，亦以越南王從未離國，不信嘉隆王有親至該島之事，則此種渺茫無稽之傳說，不足據為討論之資，彰彰明甚。關於㈠㈢兩節，《大南一統志》確有此項記載，但阮朝時越南尚為中國屬國，以屬國之少數漁人偶至宗主國所有之島上漁釣，以及屬國之王或其所遣臣民前往建塔立碑，於該島主權自不生絲毫影響。即所謂嘉隆王豎旗一節，據用樹旗為佔領之表示，其時東方各國根本尚無此思想，其不能影響該島主權亦同。

中國政府再電令駐法公使照會法國政府抗議說：⑴以地理位置言，該島經緯度屬中國領海；⑵以歷史而言，清末曾派李準將軍至西沙群島，鳴砲升旗，宣示該島為中國領土；⑶在香港召開的遠東氣象會議中，與會各國代表曾向中國政府請求在西沙群島上設立氣象台，足證各國公認西沙群島屬於中國。此後法國政府自感理屈，此事遂寢。

一九三八年七月六日駐法大使顧維鈞報稱：據法國殖民部長穆岱云：中日戰事發動後，曾與法外部商定派越南保安隊駐西沙群島，以阻日本窺伺而遙制日本侵佔海南島之動機，此舉純為保護越南安全及假道越南之海航線，與中法雙方所持立場毫無影響，該群島

主權根本問題仍待將來依照法律解決。❼

一九三八年七月十九日駐法大使顧維鈞電稱：遵具節略致法外交部，聲明該島主權屬我並保留一切權利。據法亞洲司口頭答覆，彼云主權問題可請放心，將來自應友誼解決。日兵艦仍常巡行群島，漁人日見增多，頗有覬覦之意。法不派警，將為日佔，又日方無理之要求，已擬答覆：該島僅中法兩國有關係，第三者無權過問，日方似已了解此意。不致橫行云。❽

民國二十七（一九三八）年七月間，報載越南武裝隊伍侵佔西沙群島，後據駐河內總領事館呈報：「茲據率領越兵前往該島之民團總稽查 Edmond Grethen 來館報稱：渠等所佔僅 Bois'e 及 Pratte 二小島，並非乘軍艦前往，係乘海關巡查艦而往。在 Bois'e 島僅留越兵廿五名，Pratte 則留二十名。日人 Arita（即現外相有田之介弟）在該島設煉燐廠一所，已十餘年，專收鳥糞，提煉燐質，以前台工六十人，曾因疫死二十餘人，均不願工作，日人用手槍壓迫復工。現則有越工一百五十名左右。當越民兵登陸時，日人並未抵抗」云云。❾

一九三八年，法政府以日人時有覬覦西沙群島之意，派警留住該島，由我駐法大使館向法政府以書面闡明我方立場，聲明該島主權屬於我國，並未要求法方撤退駐警，但不得謂中國已予同意。

中日戰爭期中，日本於一九三九年侵佔整個南海群島，趕走了法國，作為進攻東南亞國家的海軍基地。

註釋：

❶ 中華民國《外交部南海諸島檔案彙編》第二七九—二八〇頁。
❷ 同上書第三一〇頁。
❸ 同上書第二四一頁。
❹ 同上書第四五〇—四五一頁。
❺ 同上書第二六六頁。
❻ 同上書第二六七頁。
❼ 同上書第三八六頁。
❽ 同上書第三九八頁。
❾ 同上書第三九九頁。

第三節 法國侵佔南沙九小島事件

法國企圖侵佔中國南沙群島，蓄意已久。一九三〇年四月十三日，法國砲艦麥里休士（Maliciense）號擅自駛到南沙群島中的南威島進行測量，他們無視島上已有中國漁民居住，秘密插上法國旗宣佈佔領而去。

據安南《華僑日報》載：「東法總督巴士基於一九三二年十二月十二日下令，准將南沙島礁劃入安南南圻巴亞省管轄。❶

一九三三年四月六日至十二日，法國砲艦「阿羅德」（Alerte）號和測量艦「阿斯德羅拉勃」（Astrolabe）號，由西貢海洋研究所所長薛弗（Shevey）乘安南海洋調查艦「大奈」號率領，駛往南沙群島中的南威島，繼沿各島向東北行，七日侵佔安波沙洲（Amboina Cay），十日侵佔太平島（Itu Aba）、鴻庥島（Namyit），十一日侵佔南鑰島（Loaita）、楊信沙洲（Lankiam Cay），十二日侵佔中業島（Ihitu）、北子礁（N.E. Cay）、南子礁（S.W. Cay），當時稱為法佔我九小島事件。

法國政府乃於一九三三年七月二十五日正式宣告佔領，發佈公報，指其所佔南沙九小島東起東經 114°25′，西至 111°55′，北起北緯 11°29′，南至北緯 7°52′，與我國所定的南沙群島範圍東起東經 117°30′，西至 109°30′，北起北緯 11°55′，南至北緯 3°40′ 相重疊，顯係侵佔我領土。

根據法人記載（Le MONDE ColoNlaL ILLustRE,Sept.1933.Viuille:Les Leots des Mer de Chine）：當時北子礁計有中國居民七人，中有孩童二人，中業島上計有中國居民五人，南威島上計有中國居民四人，較一九三〇年且增一人，南鑰島上有華人留下之神座、茅屋、水井等，太平島上雖未見到華人，但發見一中國字牌，大意謂運糧至此，覓不見人，因留藏於鐵皮下。法人按圖索驥，竟覓得之。其他各島，雖無人煙，亦到處可見中國漁民暫住之遺跡，足見自一八六七年以迄於今，我國漁人固未嘗一日離棄此諸島也。❷

據中國史書所載，在南沙群島這些小島上，世代都有我國漁民居住，長期在島上生息勞作。當法國艦艇侵入這些小島時，承認：「九島之中，唯有華人居住，華人以外，別無其他國人。」法國政府無視這些事實，強行侵佔我國領土，引起中國政府與人民強烈抗議。一九三三年七月二十六日，中國外交部發言人強調：「菲律賓與安南間珊瑚島，僅有我漁人居留島上，依照國際法與慣例，凡新發現之島嶼，其島上居民係何國人，即證明其主權屬於何國。今該群島居民全為中國人，在國際間確認為中國領土。」對於法國佔領九小島事件，中國外交部除電駐法使館查詢真情外，並由外交、海軍兩部積極籌謀應付辦法，對法政府此種舉動將提嚴重抗議。

一九三三年八月五日，據我國駐法公使顧維鈞電稱：「法佔九島事，據法外部文稱：該九島在安南菲律賓間，均係岩石，當航駛之要道，以其險峻，法船常於此遇險，故佔領以便建設防險設備。」❸

一九三四年二月，中國外交部訓令駐法大使館向法方交涉，聲稱：㈠西南沙群島在漢朝馬伏波將軍征南之前，已為中國所有：㈡法佔領南海九小島時，法國駐華使館秘書博德曾謂：「中國地理書僅認西沙群島之最南島 Triton（中建島）為中國最南領土，是法方已承認西沙群島確屬於中國。」

一九三六年十一月准法外交部覆文，對於本案重申彼方前此所持理由，請予善意考慮。一九三七年二月法外部對粵省派員視察該群島，提出異議，並表示願由兩國直接商談，或以仲裁解決。同時駐華法大使館略稱：在本案解決以前，兩國不宜採取斷定爭執結

果之處置。中國外交部電令駐法顧維鈞大使照復法外部，主權問題，無庸談判。❹

中國外交部曾於一九三八年七月十三日訓令駐法公使館備具節略，向法國外交部聲明該島主權屬我，並保留一切權利。

法國侵佔南沙群島九小島事件，後來引起菲律賓與日本關切，發展成為中、法、日、菲在南海勢力之爭。一九三八年，法國派少數越南憲兵駐守，迨一九三九年日軍進襲南洋，驅走法人。

註　釋：

❶ 中華民國《外交部南海諸島檔案彙編》上冊第一四三頁。
❷ 胡煥庸著《法人覬覦之南海諸島》。
❸ 中華民國《外交部南海諸島檔案彙編》第五一頁。
❹ 同前書上冊第三八八頁。

第四節　戰後法國復圖染指西沙群島

一九四七年一月九日巴黎路透電：最近報載中國軍隊已佔領南中國海西沙群島之消息，法國外交部發言人今日發表聲明稱：「法國一向認為該列島嶼係屬於越南者，法政府在上述傳說未證實前尚未決定應採何行動。」

法國駐華大使館於一九四七年一月十三日致中國外交部節略稱：「法外交部聲明對華軍行使該群島佔領權發生之效果，作最明確之保留。」法軍繼於十四日派機至西沙群島偵察，一月十七日上午十一時，法艦駛至武德島，要求中國駐軍撤離，否則即強行登陸。次日法艦駛至白托島（Pattle Island），登陸二十人。

中國外交部歐洲司司長葉公超即於十八日面遞法國駐華大使梅里靄節略，聲述「中國政府對此種武力威脅提出嚴重抗議，並鄭重要求法國政府為顧全中法邦交計，立即轉飭有關軍事當局，命令該艦自武德島撤退並制止武力之使用，以避免武裝衝突之可能，此種武裝衝突之後果，法國政府應完全負其責任。法大使謂：此舉想非法政府命令，而係安南法軍當局所為。」

中國外交部電令駐法大使錢泰向法方嚴重交涉撤退該艦。一九四七年一月十九日，錢泰大使電稱：頃晤法外交部秘書長，請其訓令速將法艦撤退，彼云此事完全係該艦長自由動作，決非法政府之意，已訓令速行制止，請中國政府處以冷靜。同時法國外交部亞洲司長親來本館解釋，法政府但期和平仲裁解決，並不願以此而傷中法友誼，希望中國政府勿擴大此事。

一月二十一日，駐法錢泰大使續報：法外交部亞洲司長略稱：法艦自武德島離去，駛至五十海里之白托島，見無人駐守，即留駐軍二十人。西沙主權問題既未解決，自可各擇島嶼駐軍。中法雙方對主權問題各執一詞，談判解決方式甚多，或則中越漁民均可捕魚，中法各擇島嶼設氣象台，或共管方式均無不可，倘不能解決，共請仲裁亦可，中法兩方可藉作友誼談判，斷無以此細故影響邦交之理。

法國政府既證實法軍在白托島登陸，外交部歐洲司葉公超司長當（二十一）日告法國駐華大使館羅克斯（Roux）：中國政府茲特向大使館作嚴重之抗議，並請迅予轉請法國政府即飭登陸白托島之法國軍隊，速行撤退，否則，其可能招致之一切後果，應由法國政府單獨負其責任。外交並鄭重聲明在上述法國軍隊未撤退前，中國政府實難考慮法方所提有關西沙群島之問題。❶

一九四七年一月十六日國防部召集行政院有關部會商討西沙群島建設事宜，主席白崇禧部長報告：「我國海防自台灣海南島為我在太平洋上海軍前衛根據地，西南沙群島更為海南島之外圍，無論在軍事與航海情報各方面均有重大關係。現我海軍進駐以後，對島上應有措施，自應迅速完成。」當經決議：

一、關於該島主權問題，由外交部搜集史料及有關外交文件，慎重決定，答覆法政府。

二、增加兵力武器及建築砲台，由海軍總司令部擬辦。

三、島上建築燈塔由財政部飭海關辦理。氣象台由海軍總司令部負責設備，先建設西沙島（武德島、羅勃島），限二月一日前將人員器材運達。

四、各島之測量工作，陸測由內政部、水測由海軍總司令部分別派員測量。

五、西南沙群島應歸入我國版圖，其經緯度之界線，島名之更訂由內政部審訂，再飭出版機構遵辦，並由教育部通飭各級學校。

六、西南沙群島之行政隸屬問題，俟海南島行政特別區奉准設立，即歸該區統轄，目前暫由海軍管理。

一九四七年七月十一日，駐法大使錢泰致外交部電稱：法方已表示讓步，願以從西沙撤兵換取其在上海漢口租借房屋。關於該案性質與租界地產無關，理應分別解決。外交部仍促其應無條件撤兵。❷法方繼謂：「西沙群島主權屬越，法現不能加以轉移，擬即撤退駐軍，俟法越雙方關係改善後，法方居中，向越方調停，徹底解決，在未根本解決前，中國方面除特殊情形外，不增兵該島駐軍。」

後據報載，法國已由西沙群島以西七十里之白托島撤退，我國經派中華軍艦查報稱：「職艦抵甘泉島（白托島中名），派陳副長率同楊軍士長等人，目擊法軍約卅人持槍緊急集合情形慌張，法軍指揮官見職一人配槍外，其餘均未配武器，為避免暴露實力，復企圖慌忙解散，與該島法軍上尉晤談，即告以知否此島係屬中國領境，法軍佔駐實屬不合法理，該上尉答誠然，轉又謂此島應屬越南。彼此談約十五分鐘，前後向該上尉表示：此雖可循外交途徑解決，惟吾人當為外交後盾，中國政府必不放棄領土主權完整，請予注意。隨即環島視察，並攝相片多幅，該上尉及武裝士兵二人緊隨監視，直至職等離島等語。❸後法方終於在不公開宣佈之情形下，悄然撤退其駐軍，俾保持其顏面。

註釋：

❶ 中華民國《外交部南海諸島檔案彙編》第四六〇—四七〇頁。
❷ 同上書第六〇一、六一三、六三二頁。
❸ 同上書第六三三—六三四頁。

第七章　中越對西南沙群島主權爭議

安南，古稱交趾，今之越南。秦置象郡，歷兩漢、三國、兩晉、南北朝、隋唐及元，皆為中國版圖，在宋、明、清三代，則為中國藩屬。法國於一八七四年強迫安南簽訂降服條約，至一八八五年，中法戰後，強迫中國簽訂和約，放棄對安南的宗主權，安南遂成了法國殖民地。第二次世界大戰期間，日軍攻佔安南。戰後安南被分為南北越，北越獨立初期，承認西南沙群島是中國領土。南越獨立後，即存心覬覦西南沙群島，為維護主權，中華人民共和國於一九七四年派兵收復西沙群島。中華民國於一九五六年派軍駐守南沙群島中之太平島。一九七五年南北越統一之後，越南派軍侵佔南沙群島中若干島礁，曾引起中越戰火，南沙群島主權爭議，迄今尚未停息。

第一節　北越承認西南沙群島是中國領土

一九四九年十月一日，中華人民共和國成立後，周恩來外長於一九五一年八月十五日發表「關於美英對日和約草案及舊金山會議聲明」，指出西沙、南沙群島和東沙、中沙群島一樣，「向為中國領土」，中國對西沙群島，南沙群島的主權，「不論美英對日和約草案有無規定和如何規定均不受任何影響。」

一九五一年九月七日，同盟國在舊金山簽訂和約，規定日本應放棄西沙群島和南沙群島，當時蘇聯代表團團長葛羅米柯在會上發言，指出西沙群島和南沙群島等島嶼是中國的「不可分割的領土」。

自一九五四年至一九七五年期間，北越政府曾經三次公開承認西沙群島和南沙群島是中國的領土。

第一次是在一九五六年六月十五日，北越民主共和國外交部副部長雍文謙接見中國駐越南大使館臨時代辦李志明時明確表示：「根據越南方面的資料，從歷史上看，西沙群島與南沙群島應當屬於中國領土。」當時陪見的北越外交部亞洲司代司長黎祿進一步說明：「從歷史上看，西沙群島和南沙群島早在宋朝時就已經屬於中國了。」

第二次是在一九五八年九月四日，中華人民共和國政府發佈領海聲明，宣佈中華人民共和國的領海寬度為十二海里，並指明「這項規定適用於中華人民共和國的一切領土，包括：……東沙群島、西沙群島、中沙群島、南沙群島以及其他屬於中國的島嶼。」同年九月十四日，北越政府總理范文同照會中國總理周恩來，鄭重宣示：「越南民主共和國政府遵重這項決定。」范文同的照會清楚說明：北越政府承認西沙群島和南沙群島是中國領土。

第三次是在一九六五年五月九日，北越民主共和國政府發表聲明說：「美國總統詹遜把整個越南和越南海岸以外寬約一百海里的附近海域，以及中華人民共和國西沙群島的一部分領海劃為美國武裝部隊的作戰區域。」這是「對越南民主共和國及其鄰國安全直接威脅。」在此聲明中北越政府再次確認西沙群島是中國的領土。❶

在一九七五以前，北越官方出版的地圖，對西沙群島、南沙群島都使用中國名稱，並註明屬於中國。例如一九六〇年北越人民軍總參謀部地圖處編繪的《世界地圖》，用越文標為：西沙群島（中華），南沙群島（中國）。越南地圖測繪局一九六四年五月出版的《越南地圖集》、越南國家測量和繪圖局一九七二年五月印製的《世界地圖集》和一九七四年三月第二次印製的《世界政治地圖》，都以中國的名稱用越文標明「西沙群島」和「南沙群島」。一九七四年，越南教育局出版社出版的普通中學九年級地理教科書，在中國一課中寫道：「從南沙、西沙各島到海南島、台灣島、澎湖列島、舟山群島形成的弧形島環，形成了保衛中國大陸的一道「長城」。❷

註釋：

❶ 李金明著：《南海波濤》第三四—三六頁，江西高校出版社。

❷ 《人民日報》一九七九年五月十五日刊載〈西沙群島和南沙群島爭端的由來〉一文。

第二節　南越覬覦西、南沙群島

一九五〇年，國府遷台，我駐西沙及南沙群島軍隊暫時撤離，法越遂啟覬覦之心。一九五一年間，法駐遠東海軍總司令部，曾派海軍測量人員一批，乘一艘運輸艦，前往西沙及南沙群島深測領海深度及地面氣候，因當時天候惡劣，法艦僅抵西沙探察，未赴南沙。

南越於一九五五年十月十六日脫離法國獨立。法軍於一九五六年三月自西南沙群島撤離，南越政府即派海軍陸戰隊前往接替，登陸南沙群島中之南威島，在該島上升旗後返越。

一九五六年六月四日，我國海軍派姚汝鈺代將率太和、太倉兩護航驅逐艦前往南沙群島作定期性之巡邏，外交部林專員新民暨前南沙群島管理主任彭運生同行。我海軍於六月五日抵太平島，九日抵南威島，十一日抵西月島，均登陸視察在太平島上我軍前所建立之「固我南疆」石碑一面，仍然完好，未曾發現有人居住，惟將民國卅九年我自該群島撤離以來，外人擅自侵入所樹立之標誌標語等物清除銷毀，並在各島重立石碑，升懸國旗（詳見外交部檔卷林專員新民報告）。

我國防部於民國四十五（一九五六）年七月十一日派遣軍艦三艘，運送部隊進駐南沙群島中之太平島。

一九五六年八月二十一日，南越海軍翠動號登陸南沙群島之南威島，降下中華民國國旗，並將南越國旗懸掛在我海軍一九五六年六月九日南巡該島時所建立之旗桿上離去。中華民國外交部對南越此種非法行為曾發表嚴重聲明，並訓令駐越公使館提出抗議。南越復照反對任何國家對南沙提出領土主張，認為武力侵佔係違反國際法。

一九五六年八月二十一日，美國擬派艦前往南沙群島勘測，由駐華大使館一等秘書韋士德（Donald E. Webster）向我外交部申請，經轉函國防部於民國四十五年（一九五六）九月函復同意。美國空軍人員六名由柯爾納上尉（Capt. Carnell）率領，乘美艦 ESTERO 號於一九五六年九月二日駛抵中沙群島民主礁，九月三日抵南沙群島雙子礁，九月四日抵景宏島及鴻庥島，九月六日抵南威島勘測。此事說明美國承認南海諸島為我國領土。

南海羣島位置圖

中華民國外交部長葉公超於一九五六年九月十四日接見美國駐華代辦 James B. Pilcher，美代辦首稱：九月八日美國駐南越大使自越南外長獲得諾言，如中國政府對南沙群島不再採取任何行動，南越政府亦不再重提此事，美國國務院希望中國政府不使此逾越外交途徑以外。葉部長表示：中國政府不擬使用武力，但已向南越政府重申中華民國領土主權不容侵犯之立場。❶

一九五六年十月二十二日南越命令，竟將我南沙群島劃入越南福綏省。中華民國駐越公使館乃於十一月十六日向越外交部提出照會，重申南沙群島係我國領土。

一九五七年三月廿三日，中華民國駐法大使館報稱：「上年六月一日越南外交部發表聲明，謂越南重申其對西沙群島及南沙群島之傳統主權。一九五七年四月十九日繼據駐越南公使館報稱：白托島上駐有越南軍隊一排。

中華民國外交部長葉公超於一九五八年四月下旬訪問越南返國途中，專機曾飛經南沙群島上空視察，中越各報均有報導，引起越方注意。五月十日葉部長於召見越駐華公使時，越公使謂：報載部長自越返國時，專機曾飛經西沙群島，該島且駐有國軍，越南輿論對我駐軍在西沙群島一節有不滿之意，越政府對西沙群島亦曾提出權利要求。葉部長答以，返國時所經為南沙群島，而非西沙群島，南沙群島在二次大戰前我即駐軍防守，西沙群島現並無我駐軍，現中越關係日趨親睦，最好此時雙方避免重提此事，越使表示同意。❷

越南外交部於一九五九年二月廿三日致中華民國駐越使館節略稱：二月廿二日有華人五十名乘漁船兩艘在西沙群島琛航島（Duncan）非法登陸，並在所建營房上懸掛中華人民共和國旗，越南海軍巡邏隊已將彼等扣留並沒收發報機兩座及器材一批，茲再聲明西沙群島係屬越南領土。❸

中華民國外交部於同年二月廿六日發表簡短談話，並飭駐越使館節略越南外交部，重申我對西沙群島之主權。中共於一九五九年二月廿八日向越南政府提出抗議。越南外交部遂於同日節略稱：在西沙群島琛航島（Duncan）非法登陸之五十華人，經調查後均係普通漁民，各當事人要求遣送回原居地，越南地方當局業已供給糧食用水及發還一切器材，廿六日遣送至領海以外。

越南「西沙群島開拓公司」由股東陳文齋代表於一九五九年一月六日與新加坡有發公司代表陳家發在越南簽訂委託開採西沙群島鳥糞層（磷肥）合約，並由越南副總統兼經濟部長阮玉書見證。合約內容要點為南越「西沙群島開拓公司」委託新加坡有發公司代為開採西沙群島之鳥糞，為期暫定五年，越方保有監督之全權。新加坡有發公司依約同年五月在西沙群島中之金砂島（Money Island）開始建成木屋五間，倉庫二座，機器房一間，簡單碼頭一座，輕便鐵路一條，島上有工作人員三十五人，其中技術工人二十人，由新加坡僱去，其餘普通工人十五人，自西貢僱用。越南政府派三十名軍隊，由一隊長率領駐在島上，另有氣象人員二人。鳥糞層挖出後，先打碎由機器分出砂石，再磨細後，即包裝上船。第一批一六九噸，已於八月七日運抵西貢。但因農民不樂採用作農田肥料，公司資本告竭，開工作遂告停頓。

中華民國鑒於西沙群島目前不在我方實際控制之下，為免擴大中越爭執，除迭向越方正式聲明，我對西沙群島擁有領土主權之主張外，暫未採外交行動。❹

一九五九年四月二十七日，南越外交部從報導中獲悉中華民國已決定派遣退伍軍人赴南沙群島開發該島礦業，特節略中華民國駐西貢大使館，聲述越南政府對於南沙及西沙兩群島具有主權。「在法屬時期，南沙群島係劃入巴亞 BARIA 省，一九五六年十月廿二日，由越南總統命令劃歸福綏省（PHUOC-TUY）。因此，越南政府認為外國佔領南沙群島或其一部份，是否有意開發該島資源，均為侵犯越南主權及其領土之完整。」

一九六〇年，越郵政當局擬發行西南沙紀念郵票，經我方勸阻。嗣越政府為鼓勵投資印行「投資越南」英文小冊，將西南沙兩群島列入越南版圖，並將西沙群島磷肥列為越南資源，我方於同年十二月十九日向越提出抗議，重申我對西沙、南沙兩群島之主權，越方循例略復，重申其立場。

一九六一年六月十三日，越海軍巡邏艇兩艘駛近南沙群島之太平島，經我守軍向其查詢，據答稱因遠航訓練，途經該島，誤認係越南島嶼，後發現中國國旗，始悉為中國領域。我守軍未予深究，即飭其駛離。

一九六一年七月十三日，越南政府發佈命令，擅將西沙群島自承天省（THUA THIEN）劃歸廣南省（COUANG NAM），直屬該省和萬郡（HOA VANG），改名定海村（DINH HAI），派行政代表管轄。中華民國外交部曾於同年七月廿六日發表聲明：「西沙群島數百年來一直是中國領土的一部分，中國政府對於任何其他國家對西沙群島之行政權或主權之主張，從未承認，並迄表反對。」另由我國駐越大使館於同年七月廿九日向南越外交部致送節略，重申我對西沙群島固有之領土主權，並聲明南越政府將該群島劃入其任何行省之舉措，我不能予以承認，亦不能影響我此項主權。南越外交部於同年八月三日復稱：南越外交部前曾迭次聲明，南越對西沙群島之主權，最近越方對群島之行政措施，純屬南越政府之內政職權，因此南越政府認為中國政府所提之主張，並無根據，南越政府不得不予拒絕。

一九六三年五月十九日至二十九日，南越海軍兩艘舉行遠洋演習，曾炸毀南威島國軍於民國三十五（一九四六）年所豎立之我國石碑，改豎南越碑石，並在其他島礁上，豎立新的石碑，此乃南越蓄意侵犯我南沙群島領土主權之行為。

中華民國政府獲悉後，於同年十月間派艦前往偵巡，內政部科長張維一隨艦前往勘察，發現南威、安波、中業、南礁、北子礁等島礁，均豎有越碑，當悉予擊毀。並建議在太平島、鴻庥島、南鑰島、南威島、立威島、敦謙沙洲、中業島、西月島、南子礁、北子礁、安波島等十一島，先建立中華民國領土界碑，正面大字直書島名，背面小字記事：「南沙群島為我南海四大群島之一，向隸中華民國版圖。第二次世界大戰期間，曾為日軍侵據，日軍無條件投降後，本島亦告光復。我政府並於民國三十五年十二月十二日鳴砲立碑，以誌恢復，嗣後碑燬，為昭主權，爰重建立，謹以為誌。」❺

民國六十（一九七一）年七月十五日，南越外交部發表聲明，重申對西沙群島及南沙群島之主權。八月四日南越駐華大使館節略我國外交部，重述南越外交部主張。我國外交部於同年八月十二日復略，闡明我維護領土主權之立場決不變更，現我既已派軍駐守，為避免發生意外，希望越方不再有類似派艦登陸之舉動。

中越對南沙群島之爭執，曾引起美國方面之關切，雙方政府為免事態擴大，妨礙中越間之友好合作，遂將此項爭議擱置。

一九七三年七月廿三日，南越派軍侵佔南沙群島中之鴻庥島，同年九月六日南越內政部突宣佈將南沙群島劃歸其福綏省管轄，中華民國駐越大使及外交部先後於八月九日、八月廿七日、九月四日及十月廿六日四次向越方提出書面及口頭抗議。

一九七四年一月三十一日，南越海軍艦艇侵佔南沙群島中之鴻庥島、景宏島、敦謙沙洲、楊信沙洲、雙子礁、安波沙洲及南威島。二月四日中國外交部發表聲明，指越南在南沙群島之行動為新的挑釁行為，並重申中國對南沙群島主權不容侵犯。翌日越南外交部發表聲明，反駁中方主張。二月七日中華民國外交部對越南政府之舉措提出嚴重抗議，並強調我對南沙群島主權之嚴正立場，絕非任何方面所採措施所能改變。二月十一日南越外交部認為國際糾紛應以和平談判方式解決，越將不再以武力解決此類爭議。二月十六日，越外交部原則上同意菲律賓馬可仕總統對南沙群島發生爭執的各有關方面進行直接談判之建議，翌日菲律賓對南越首先贊同商談南沙爭執表示歡迎。

一九七四年三月卅日，中國出席亞洲暨遠東經濟委員會副代表發言，謂西南沙群島及附近水域為其所有，對越南宣稱西、南沙群島為越南所有，給予嚴厲指斥。

註釋：

❶中華民國《外交部南海諸島檔案彙編》第一七〇一一八四頁。
❷同上書第六七〇頁。
❸同上書第六七一頁。
❹同上書第六五三一七一七頁。
❺張維一著《南海資源開發與主權維護》。

第三節　越南侵佔南沙群島各島礁

一九七五年四月三十日，北越統一南越之後，越南政府一反其過去承認西沙群島和南沙群島是中國的領土，卻發表聲明說：「黃沙群島（即西沙群島）和長沙群島（即南沙群島）是越南領土一部分。」中國與越南關係全面惡化。

從一九七五年開始，越南就派兵陸續侵佔南沙群島多個島礁。計一九七五年四月二日侵佔牛礁，四月十四日侵佔南子島，四月二十五日侵佔敦謙沙洲，二十七日侵佔鴻庥島，四月二十九日侵佔南威島和安波沙洲。一九七八年三月二十三日侵佔染青沙洲。一九八七年二月侵佔柏礁，四月十日侵佔華生礁，十二月三十日侵佔西礁。一九八八年一月二十六日侵佔無乜礁，二月五日侵佔月積礁，二月六日侵佔大現礁，二月十九日侵佔東礁，二月

南沙形勢圖

二十七日侵佔六門礁，三月二日侵佔南華礁，三月十五日侵佔舶蘭礁，三月二十四日侵佔奈羅礁，六月二十八日侵佔鬼喊礁和瓊礁。一九八九年六月三十日侵佔蓬勃堡礁和廣雅礁，七月五日侵佔萬安灘。一九九〇年十一月四日侵佔西衛灘。一九九一年十一月三日侵佔李準灘。一九九三年十一月三十日侵佔人駿灘。一九九八年六月侵佔金盾暗沙和奥南暗沙。一九九九年侵佔小南薰礁。

在這些被侵佔的島礁上，越南除了駐有軍隊及建造各種軍事設施，企圖長期佔有，還在較大的島礁上，如南子島、敦謙沙洲、鴻庥島、景宏島和安波沙洲等，建有簡易機場、雷達、氣象台、衛星電視天線及燈塔等設施。近年計劃在其侵佔的島礁上建立新的住宅區，設立地方政府，以示主權。❶

一九七七年五月十二日，越南政府宣佈領海、毗連區及二百海里經濟區和大陸架聲明，其東部和南部海域與其鄰國海域重疊，引其鄰國對南海諸島主權爭議。

一九七八年，越南總理范文同發表聲明，宣稱黃沙（西沙）、長沙（南沙）都是越南領土。

一九七九年八月七日，越南政府發表白皮書，企圖歪曲歷史，篡改西南沙群島為中國之事實，說「黃沙群島和長沙群島是越南領土的一部分。中國立予駁斥，指出越南白皮書中所說的「長沙群島」，絕不是中國的南沙群島。越南白皮書說的「長沙群島」，以前稱「大長沙」，在中、越許多書籍中有關於「大長沙」的記載，其位置顯然不是在中國的南沙群島，而是越南沿海的一些島嶼和沙洲。

十七世紀，越南人杜伯編製的「越南地圖中的廣義地區圖」中記載：「海中有一長沙名罷葛黃（即黃沙灘）……自大占門越海至此一日半，自沙琪門至此半天。」

查看地理位置，從大占門（今越南廣南—峴港省的大海門）渡海至黃沙灘只要一天半，從沙琪門（今越南廣義省平山縣附近海口）渡海至黃沙灘只要半天，而中國的西沙群島距離越南中部海岸遠達二百海里，按當時（十七世紀和十八世紀）的航海技術，乘帆船航行半天或一天半是無論如何也到達不了。

十八世紀，越南人黎貴敦撰寫的《撫邊雜錄》書中說：「廣義府平山縣安永社居近海，海外之東北有島嶼焉，群山一百卅餘嶺，山間出海相隔或一日或數更，山上間有甘泉，島之中有黃堵，長約三十餘里，平坦廣大，水清澈底。」

越人書中所稱「黃沙堵」「長約卅餘里」且「平坦廣大」，而中國的西沙群島中的永興島，也僅長不到兩公里，面積不過一點八五平方公里。又說黃沙群島有「群山零星一百三十餘嶺」，而中國的西沙群島各島嶼海拔只有五、六米，最高處也不過十五點九米，且地勢低平，根本不存在所謂群山，西沙群島全部島礁沙灘一共只有三十五個，更談不上「一百卅餘嶺」。

越南外交部發表的白皮書聲稱：「《大南實錄正編》記載嘉隆於一八一六年佔有黃沙群島事件」，但遍查史書，並無正式記載，而是取材自該事件發生二十年後一位法國傳教士塔伯德神父（Father Jean-Louis Taberd）在一八三七年所寫的一篇題為〈卡欽中國之地理註釋〉（Note on the Geography of Cochinchina）的文章，刊載在一九三七年四月號的《孟加拉皇家亞洲學會季刊》。文中寫道：「西沙或西沙群島是由小島、岩塊和沙灘所組成的錯綜島群，分佈在北緯十一度，從巴黎起算的東經一百零七度，有些航海家能勇敢地登陸部分島嶼，乃幸運多於謹慎小心，而有些則遭到失敗。卡欽中國人稱這些島為崑崙（Conuang）。雖然這類群島除了岩塊和深海外別無所有，不僅登陸困難，而且沒有利用價值，但嘉隆帝認為這塊不起眼的島群可增加其領土，一八一六年，他莊重地在島上樹立國旗，正式佔領這些島嶼，任何人無法說動他的決心。」❷

然而，從該文所說的地名及經緯度可知，安南嘉隆王登陸的島並不是西沙群島，根據文中所說的經緯度，乃是位於金蘭灣外海的崑崙島。因為現在的崑崙島正位於北緯十一度，東經一百零七度，而西沙群島則位於北緯十五度到十八度，東經一百一十一度到一百一十五度之間，兩者不可混為一談。

越南又說：一八三二年，民命王在班納礁（Bonna Rock）上建一座寺廟和石牌。一八三四年，又派調查團到黃沙群島（西沙群島）測繪地圖。❸

丘宏達教授在論及「西南沙法律地位」的文章中說：「依國際條約而言，當安南嘉隆帝在一八一六年發佈兼併令時，中國對這些島只不過擁有『初始的名份』（inchoate title），越南若能提出『最後決定性』的主權主張，在理論上是可以排除中國的主張，但安南沒有證據指出，直至一九三二年止，安南或後來的法國政府曾派軍隊佔領這些島嶼。相反的，法國卻從一八一六至一九三二年承認中國對西沙群島的主權主張。越南之主張，依賴的是因時效而取得（Prescriptive acquisition）的法律原則，而中國依賴的是發現——佔領的原則，但這兩種主張還是與取得之原則有關的『主權之繼續與無干擾之運用』有一段距離。」❹

越南政府發表白皮書聲稱：它是繼承一九三三年以後法國和南越侵佔西沙群島和南沙群島，來證明今天越南對中國西沙群島和南沙群島提出領土要求的合法性，更是站不住腳的。從國際法觀點言，侵略行為不能產生主權，對侵佔得來的別國領土的所謂「繼承」，當然也是非法的，因而也是無效的。

再從法律觀點言，戰敗國向戰勝國軍隊投降，並不等於投降軍所佔的土地即為受降國所據有。但投降國所搶佔的土地原為受降國的固有領土，則受降國自可收復其原有主權。在一九四六年三月，中華民國將其所受降的越南交還給法國，雙方完全沒有提及南海群島主權問題，因為戰勝的盟國均承認中國應恢復對南海諸島的主權，法國亦不得不予默示，南海諸島主權已由中國收回，越南更談不上所謂的「繼承」。

註　釋：

❶ 李金明著《南海風濤》第三三一—三四頁，江西高校出版社。

❷ Marwyn S. Samuels: *Contest for the South China Sea*, Methuen, New York and London Methuen Co., 1982, P.49, Note 31.

❸ 同上書 P.50, Note 35。

❹ Hungdah Chiu and Chom-ho Park: "The Legal Status of the Paracel and Spratly, Ocean Development and International Law", 1975, PP.16-30.

第四節　中國武力收復西沙群島

中國自一九六〇年代，即在西沙永興島大力修建軍事設施，經過十幾年施工，港口、碼頭、突堤、水庫、修船設備先後完工，使永興島成為中國大陸海軍的二級基地。

一九七四年一月十一日，中華人民共和國外交部發表聲明，指南越擅將南沙群島劃入版圖及其在西沙群島之活動，乃係非法侵佔行為，並聲言南沙及西沙群島為中國固有領土，不容侵犯。翌日，南越外交部發表聲明，反駁中方聲明。十五日南越海軍發現中共漁船所載人員已在西沙群島之甘泉、琛航、晉卿三小島登陸，搭建房舍懸掛紅旗，並有中國海軍船艇巡弋附近海面。十六日，南越外長王文北發表聲明，指責中方之侵略行為，並重申西、南沙群島擁有主權之主張。同日，南越駐聯合國觀察員向安理會致送節略，要求糾正中方行動，同時越方增派海軍艦艇前往西沙群島。十八日，南越海軍登陸甘泉島，逐走中方人員。同日，中華民國外交部發表聲明，重申我對西南沙群島之主權。

西沙島花

⬆五月中旬，大陸海軍某基地七名女通訊兵開始駐防西沙永興島，履行建設西沙、保衛西沙的神聖使命，成爲解放軍首批駐守西沙群島的女兵。西沙群島遠離大陸，高溫潮濕，生活條件艱苦，但女兵兩個多月的出色表現令島上男兵刮目相看，被稱爲「西沙島花」。（新華社）

翌（十九）日，中華人民共和國派出海南島榆林港海軍艦艇，突擊南越海軍佔據的西沙群島中的島嶼，二十日，中國派出空軍米格機及裝有飛彈之艦艇，裝載一個營以上之陸戰隊，擊沉南越巡防艦一艘，擊傷四艘，俘虜越兵四十八名，包括一名中校軍官，中國船艦輕傷三艘，死亡六人，受傷十八人，收復南越侵佔之甘泉、金銀、珊瑚三小島，越軍敗退，中國遂完全控制西沙群島。

一九七四年一月廿一日，南越軍方發言人宣布：南越海陸軍已奉令撤離西沙群島，將不再採取防衛行動。同日越外長約集各國駐越使節宣讀聲明，重申越南對西、南沙群島主權主張，譴責中共武力侵佔係違反《聯合國憲章》及〈越戰停火協定〉，並要求各國政府對中國採取適當之態度與措置。越方復同時向聯合國安理會及秘書長致函要求召開會議採取措置，惟無結果。越方乃於二十四日接受安理會主席之勸告，放棄開會要求。

第五節 中越爭奪南沙群島交火

南、北越統一之後的越南於一九七七年五月十二日宣佈領海、毗連區，二百海里經濟區和大陸架聲明，其東部和南部海域與其他海域重疊，因而引起了周邊國家對南海諸島主權爭議。

一九八七年三月，在法國巴黎召開的教科文組織海洋委員會第十四次會議，決定委託中國在南沙群島建立兩個永久性的海洋觀測站，站台的國際編號為七十四及七十六號。當時越南代表在場，並未表示不同意見。

中國遂派科學考察隊乘海軍艦艇前往南沙群島巡航，進行選點勘察作業，先後登上赤瓜礁及九沁沙洲進行地質、地貌、水文、氣象、化學及生物等多種綜合考察，考察隊員還在這些島礁上豎立了用花崗石併成的「考察碑」。

中國在南沙建觀測站

中國海軍某部奉命在我國南沙群島的永署礁上建造海洋觀測站，經過三個多月的緊張工作，一座人工港灣和一片人造陸地已出現在昔日波濤洶湧的永署礁上。

據中方透露，中國於一九八八年二月先在永署礁建一座三百公尺長可停靠四千噸級船隻的碼頭和一座直昇機場，化費了一百八十九天，在永署礁修建一座海洋及大氣觀察站。觀測站第一期工程在選定的礁盤上安放沉箱為基礎，在上面架兩層的工作房，安裝各種科學儀器設備，供科學技術人員在上面居住工作，成為永久性的觀測站，以探測南海區域海洋資源及氣象資料，中國計劃另在西沙群島及海南島三亞市各設一座航空交通管制中心，俾對經過海南島及西南沙群島之間空域的國際航空飛行提供服務。

一九八八年一月底，中國派軍約一千人，在南沙群島中佔領七個島礁，在其中的永署礁和川薩（Trung Sa）礁上派駐三百到四百名軍隊，並在永署礁附近部署九艘軍艦和兩艘運輸艦。

中國海軍為加強在南海的實力，由十七艘軍艦和潛艇所組成的聯合艦隊，曾在南海舉行過一次大規模的演習，測驗海空軍的聯合作戰能力，在南沙群島間巡弋，曾駛至曾母暗沙南端投放主權碑。中國海軍廣州基地的測量船隊

法新社記者一九九五年四月一日乘飛機到南沙群島上空，看見在引起爭執的南沙群島西邊，由中共控制的一個地區有若干建築物，其中一座建築物的頂上有混凝土碉堡，並架設槍砲。這是外籍記者首次能夠乘機飛臨南沙群島上空。（法新社）

完成南沙群島一千兩百多公里的測量里程，獲取海洋數據六千多個，測出南沙群島最新的航海數據，以利海軍巡航南沙群島。

中國軍委會副主席趙紫揚於一九八八年二月間，飛往南沙群島中的永署礁及另一礁島上慰問駐軍。

一九八八年三月十四日，正當中國科學技術人員在赤瓜礁上進行作業，侵入南沙群島海域的越南艦艇，首先向在赤瓜礁上從事調查與科研之中國科技人員及停在附近海域之中國船隻開火，中國死亡六人，傷十八人，中國船艦輕傷三艘，中國海軍被迫作有限度之反擊自衛。中國三艘軍艦遂向越艦還擊，越艦共有三艘受創，其中兩艘四千噸的登陸艇一沉一重傷，傷亡七十四人，救起越軍九名。越南政府乃於三月十八日要求與中國談判南沙群島衝突事件，及其他有關中越邊界糾紛。中國外交部三月廿四日拒絕越方的談判要求，重申西沙和南沙群島屬於中國。

面對越南這種挑釁，中國外交部四月五日發表談話稱：「中國方面再次正告越南當局，必須立即停止以任何方式侵佔中國南沙群島的島礁活動，必須從其非法侵佔的中國島礁撤走，如果越南方面一意孤行，膽敢進行新的軍事挑釁，就必須承擔由此引起一切後果。」

中國與越南在南沙群島發生衝突後，引起世界各國的關切。中國政府曾於一九八八年五月十三日向聯合國提出對西沙、南沙群島之主權主張，以中華民國駐軍太平島為例，反駁越南一再宣稱南沙群島在一九八七年以前從未在中國管轄下之謬論。並稱：越南在一九六〇年及一九七二年所出版之世界地圖及一九七四年由越南所出版之教科書皆承認西沙、南沙群島為中國領土；目前越南之言論與入侵其中九個小島之行為，實足證明其擴張領土野心，要求越南政權立即撤出其非法佔據之島嶼。

一九九二年二月，中國制定「領海暨毗連區法」，宣示西沙及南沙群島為其領土，越南表示關注。五月中旬中國與美國普里士東石油公司簽約勘採南沙石油，越南指責中國侵犯主權，要求中國廢約，並延期鐵路通車和關閉邊境貿易。七月，越南兩度抗議中國軍隊在南薰礁建立「主權標誌碑」。九月六日，越南又指控中國在東京灣水域內設立一座海上鑽油平台，並要求中國立即將已進入東京灣的一艘採油船及另一艘測震船撤回。中國在軍事上，派遣軍隊接連佔領南沙島，甚至暗示必要時不排除以武力保障南海海域開發能源安全，但在外交上卻低調處理，主要考慮不願東協各國插手此項爭議，使此爭議國際化。

註釋：

❶ 中華民國《外交部南海諸島檔案彙編》第一二九七頁。

第六節　中國與台灣對南海主權立場一致

一九八七年中國採取開放政策之後，海峽兩岸人民來往密切，台灣對大陸投資經商日漸增加，雙方經貿結合更加緊密。台灣期望成為國際航運、空運及電訊中心，必須與中國生產基地及消費市場結合。台灣倘能與大陸聯合，亦可確保南海諸島不致落入外人手中。李登輝總統任職期間，曾建議邀請與南海有關的十二個國家及地區出資一百億美元，設立一個國際南海開發公司，參加國放棄主權爭議，集合共同資源從事開發，國際公司開發所得利潤，用來發展東協各國的基礎建設。

大陸學者一再建議：中國與台灣在其南海佔領區可以進行軍事合作，擔負共同防禦任務，相互後勤支援，甚至聯合軍事演習。在一九八八年三月中國與越南在南沙群島發生衝突時，中國與台灣對越南的立場趨於一致。中華民國國防部長鄭為元曾經表示，倘若中國有請求時，台灣願意出力協助，共同防衛南沙島礁被越南侵佔。

一九九四年六月底在台北舉行的兩岸學術研討會，行政院政務委員張京育曾在會中建議，雙方為行使管轄權，可共同派海洋測繪隊，前往南沙群島海域勘測，共管南海海域。

二〇〇八年五月二十日，台灣大選，國民黨在台灣重新執掌政權，兩岸開始和解。對南海主權爭議問題，均主張「擱置爭議，共同開發」，雙方立場趨於一致，將可增強中國對南海諸島的主權主張。

第八章　中菲對南沙群島主權爭議

第一節　菲律賓疆界原與南沙群島無關

菲律賓群島原屬西班牙所有，一八九八年十二月十日，西班牙戰敗，簽訂《美西巴黎條約》，將菲律賓群島割讓給美國。該約第三條規定：「西班牙現將被稱為菲律賓列島的群島，其中包括位於下列各線內的諸島嶼割讓給美國：一條線從東經 118° 到東經 127° 沿著或靠近北緯 20° 由西向東穿過巴士海峽中間，然後沿著東經 127° 到北緯 4°45′，然後沿北緯 4°45′ 到東經 119°35′ 的交叉點，然後從東經 119°35′ 到北緯 7°40′，然後沿著 7°40′ 到與東經 116° 的交叉點，然後再以一條直線到達北緯 10° 與東經 118° 的交叉點，然後再沿東經 118° 到達起點。依此規定，南沙群島係在菲律賓群島經緯度以外，兩者範圍不相抵觸。

一九四六年七月四日，菲律賓獨立，認為菲律賓政府於西班牙割讓給美國之全部領域行使主權，其界限為一八九八年十二月十日美西和約第三條所定範圍。並依據美國於一九〇二年所繪製的地圖與海圖，是以一八九八年條約中規定的經緯線來標明其領土範圍，聲稱菲律賓政府有權對於西班牙割讓給美國之全部領域，包括陸地與海洋行使主權。一九六一年六月十七日，菲律賓公佈第三〇四六號共和國法案，在圍繞最外緣島嶼劃出八十條直線基線，並聲稱「所規定的基線範圍內的所有水域為菲律賓內陸水域或內水。」菲律賓政府是將條約中規定的經緯界線作為其領土邊界線，如此將使其領土擴大約二・一四倍，水陸之比為五比一。

菲律賓政府把位於群島外緣島嶼之外，但在巴黎條約界線之內的全部水域聲稱是菲律賓的領海，這種擴張領土的做法，不但違反了聯合國海洋法中有關領海的規定，也違背美西締結巴黎和約之原意。美西簽訂的巴黎和約第三條規定的，是將「位於條約界線內諸島嶼割讓給美國」，並未將條約界線內所包括的全部公海水域也割讓給美國，因為西班牙無權將界線內的公海割讓給美國，基於條約權利的繼承，菲律賓自無權聲稱條約界線內的公海水域為其領土。作為締約國的美國，就公開反駁菲律賓對巴黎和約的曲解，美國指出菲律賓很清楚，條約界線內指的是島嶼或陸地領土，而不是經緯線界內的海域，這些界線雖然是以經緯線來確定，僅是考慮到界線內的大量島嶼無法一一列舉所施行的辦法。因此美國沒有任何企圖把島嶼之間的水域包括在條約的任何條款之中，否則將超過十二海里的領海限度，侵犯到公海範圍。

菲律賓既已宣佈了領海基線，依照《聯合國海洋法公約》的規定，其領海的寬度應從基線量起十二海里。而它卻聲稱「條約界線」內的全部水域為其領土，其兩邊的界線為東經一一八°，與我國的黃岩島非常接近，倘若菲律賓以此為領海基線去劃專屬經濟區，勢必將我國的黃岩島及其附近海域劃入，因此引起中菲兩國對南海島嶼的主權爭議。❶

一九三三年法國侵佔南沙群島時，曾引起中、日、法三國外交上之爭執，其時菲律賓尚為美國領屬，其當局曾宣稱：既不考慮該群島是菲律賓之領海，復以該問題無關菲律賓之利益，從此菲律賓總督亦不關心此事。❷由此聲明可以證實南沙群島之領土與菲律賓無關。

民國三十八（一九四九）年一月廿八日，美國與菲律賓軍方人員乘 CAPFS-504 號軍艦前往南沙群島太平島搜尋一架美軍失事飛機，登岸後，由我海軍南沙群島管理處主任彭運生中校以地主身份接待，並鄭重向美菲人士表示：此乃中國領土，應取得我方同意，始能進行搜尋工作。次日，在取得我方許可，及彭主任率領之海軍武裝人員陪同下，始進行搜尋工作，當天下午四時許，該艦始駛離太平島。❸

一九四九年三月初聯合社及合眾社消息，中共軍隊二百名佔領南沙群島太平島。菲律賓政府極度震驚。菲外次尼禮於三月廿五日內閣會議中報告稱：菲外部已立即調查該島之位置是否在菲律賓領土範圍以內，根據地圖所示，該島係位於菲屬巴拉旺島南端二百一十哩之處，並非菲律賓領土。❹

一九五〇年中共進佔海南島，菲律賓對西沙、南沙、東沙情況至為關切，輿論主張派兵佔領，因國府發表嚴正聲明，重申我國對南沙群島之主權。菲總統於五月十七日對記者

稱：各該群島雖影響菲國安全，但主權屬於中國國府，菲國與國府有友好關係，不便採取何種行動。❺

國際民航組織太平洋區域飛航會議於一九五五年十月廿七日在菲律賓馬尼拉召開，計有中、美、英、菲等十七國參加該會議之氣象委員會中，在討論我國各氣象台站地面及高空氣象報告之收集及發送時，曾由英國代表及國際航空運輸協會代表提議，南沙群島每日四次之氣象報告，攸關國際飛航安全甚鉅，應由我國負責供給，當時該會係由菲律賓代表Mr. Flores為主席，經無異議通過，並經列入該會之報告書中，此不僅我在該區氣象方面應盡之義務，且可確定我國對南沙之主權。❻倘南沙群島為菲、越、法三國之領土，則該三國俱有全權代表在場，何竟不提出異議。

菲律賓地圖勘測委員會一九七〇年再版一九六四年出刊之菲國地圖，均未將南沙群島劃入菲國疆界之內，可證南沙群島與菲國領土無關。

註　釋：

❶ 李金明著《南海爭端與國際海洋法》第七四—八三頁。

❷ 日本昭和十四年《東亞情報》三十六號第一三一—二一頁。

❸ 民國四十五年五月廿五日台北《中央日報》新聞報導「彭運生談南沙群島」。

❹ 中華民國《外交部南海諸島檔案彙編》第七九四頁。

❺ 同上書第八〇四頁。
❻ 同上書第八七一—八七二頁。

第二節　菲人克魯瑪聲稱的「自由地」

中華民國政府基於戰略關係，於一九五〇年五月八日將原設在太平島之「南沙群島管理處」及所隸屬之氣象、通信及警衛三組所有人員及物資全部撤離，島上設施依舊保存，我國國旗照常飄揚高空。其後我國海軍經常派遣艦隊至該島附近海域巡邏，並準備必要時原防守部隊隨時返防，並無放棄之意，在此情形下，對我國擁有南沙群島之主權自毫無影響。但因無國軍駐守，卻予菲人克魯瑪之輩以可乘之隙。

一九五六年三月一日，菲律賓馬尼拉航海學校校長克魯瑪（Tomas Cloma）率領四十人（包括八名學生）組成的「探險隊」，先後在南沙群島的北子礁、南子礁、中業島、南鑰島、西月島、太平島、敦謙沙洲、鴻庥島、南威島九個島嶼登陸，自認為「發現」這些無人居住的島嶼，便宣佈「佔領」，還在島上樹立大牌，上書「該島為菲律賓馬尼拉克洛瑪等人宣佈所有，是自由地之部分領土（THIS ISLAND IS CLAIMED BY ATTY TOMAS CLOMA AND PARTY MANILA PHILIPPINES AND FORMS OF FREEDOM LAND）」。五月十五日，克洛瑪發表「告世界宣言」聲稱：「發現和佔領南沙群島的三十三個島礁、沙洲、沙灘、珊瑚礁和漁區，面積達六四・九七六平方海里，用菲國人名將各島命名。」謂渠已建立「自由地」（Freedom Land）新國家，於其航海學校設立「自由地」總部。克魯瑪及其屬員曾於六月二十五日集會，選舉克魯瑪為「自由地」總統，並以中業島為首都，同時向菲政府及聯合國呈文，要求承認。實則此舉純為其個人行動，而非構成國家行為之「先佔」條件，當時各國駐菲人員均認為是一場笑劇。

我內政部長王德溥於獲知此事後，於一九五六年五月廿二日發表嚴正聲明，謂該群島向為我國固有領土之一部，不容爭議，任何人不能因各該島無人居住而濫行佔領。次日，我國駐菲大使館向菲外交部提出照會，重申我國對南沙群島之主權，希望菲國政府尊重友邦領土主權之完整。五月廿四日，駐菲陳大使之邁再向菲副總統兼外交部長加西亞（後繼任菲總統）面提交涉。加氏諉稱克魯瑪所提各島，似不在我南沙群島範圍。五月廿五日，菲外交部法律司邀集有關機關代表聽取克魯瑪陳述意見後，據聞當場已確定各島在菲國領域以外。據菲律賓英文《馬尼拉公報》透露，菲政府當局正採取步驟避免捲入南沙糾紛。克氏向報界聲稱：渠聲請佔領各該島，純屬其個人行動，菲外交部事前無所聞，事後亦未予支持。其後克氏發表談話，謂渠申請該群島之所有權係屬個人向世界公告，與菲政府無關，必要時將直接向國際法庭申訴。

中華民國外交部長葉公超於五月二十八日約見菲律賓駐華大使羅慕斯，當面介紹一九四六年曾參加接收南沙群島之鄭資約教授、姚汝鈺海軍代將及彭運生海軍中校，說明南沙群島早為我國領土，要求菲國政府公開承認中國對南沙群島之領土主權，發佈兩點聲明：㈠菲國政府無意對於中華民國之南沙群島提出任何請求權。㈡菲國政府亦無意支持菲國人民在南沙群島範圍內之侵佔行為，並命令克魯瑪全部人員撤離南沙群島。葉部長並以《南海諸島地理誌略》一書贈羅大使，羅氏完全同意葉部長看法，允即呈請菲總統採取行動，予以制止。

五月廿九日，菲外交、國防兩部會商結果，據報載：彼等認為克魯瑪所佔各島，不隸屬任何國家，且非南沙群島之一部，擬建議菲最高當局併入菲版圖。

菲律賓副總統兼外交部長加西亞於五月末向報界公開表示：「這些島嶼接近菲律賓，既無所屬，又無居民，因而菲律賓發現之後，有權予以佔領，而日後其他國家亦會承認，菲律賓因佔領而獲有主權。」

中華人民共和國政府於一九五六年五月二十九日發表鄭重聲明：「中國對於南沙群島的合法主權，絕不容許任何國家以任何藉口和採取任何方式加以侵犯。」

第三節　中華民國恢復派軍駐守南沙群島

中華民國外交部為免事態擴大，於一九五六年五月二十三日函請國防部派兵駐守南沙群島，或定時派遣機艦前往巡邏。國防部遂派太和、太倉兩艘軍艦組成立威部隊，由姚汝鈺海軍代將任指揮官，彭運生中校為參謀長，另派海軍陸戰隊一排士兵，擔任警衛。外交部派林新民專員隨軍協助任務，軍聞社記者羅戡、海軍出版社記者劉期成隨艦採訪。

立威部隊於一九五六年六月二日上午十時由左營海軍基地啟般，乘風破浪，於六月五日十六時三十分駛抵太平島。次日清晨，首批人員乘橡皮艇登陸太平島，看見島上雜草灌木叢生，原有道路已無法辨認，尚存水泥房屋二棟，其餘僅存地基，島上原立之大石碑已被拆毀，我駐軍前於民國三九（一九五〇）年所立之「固我南疆」之石碑尚存，七日姚指揮官偕同外交部林新民專員、羅戡、劉期成兩記者及艦長與官兵再度登陸太平島巡視，全島滿目荒涼，當即在島上立碑升旗拍照。八日駛往南威島，九日清晨抵達，登陸巡視全島，查到克魯瑪所樹木版一塊，上書：「NOTICE: THIS ISLAND IS CLAIMED BY ATLY TOMAS CLOMA AND PARTY MANILA PHILIPPINES AND FORMS PART OF FREEDOM LAND」等字，當將其拆除攜回，巡視畢即升旗立碑並拍照。六月十一日，我艦駛抵西月島二千碼處，派偵察排登陸立碑升旗攝影，經廣加搜查未發現人跡，亦無任何建築物，僅有椰子樹十餘株。立威部隊巡視南沙深入南疆至北緯八度，圓滿達成任務後，於六月十日安全返抵左營。❶

葉公超部長於六月五日邀美國藍欽大使來部面談，提請注意我內政部於民國三十六（一九四七）年十二月一日所發表之一項文告，其中將中華民國在南中國海之疆界及所屬各島嶼均經詳予載明，該項文告係於中國海軍完成對該島嶼自日軍手中接管之手續後即行發

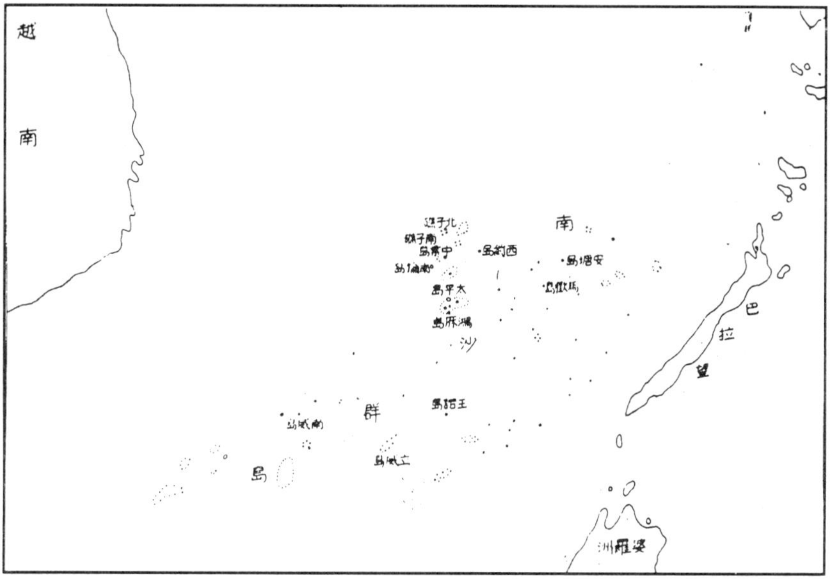

南沙群島地圖

佈。葉部長復再聲述：「中國政府對於所轄南沙群島之主權，絕不考慮有任何調解或讓步，該群島歸屬中華民國事實俱在，毫無商量餘地。至於該群島之經濟發展，則係另一問題，惟此問題自亦應依雙方協議處理。」藍欽大使當允將葉部長所述各項意見陳報美國務院，並建議國務院予以研究，以期此事能獲圓滿解決。

外交部葉部長復予六月九日簽呈行政院俞國華院長建議：㈠派軍進駐南沙，自可遏止外人對該群島之不法企圖，確保國防安全；㈡在太平島建立遠洋鮪釣基地，供我國漁民前往自由作業；㈢在南沙群島建立氣象台，以利國際航空及航海之安全。

中華民國政府為確保我國領土主權，杜絕外人覬覦，乃於一九五六年七月十一日，中國海軍派遣威遠部隊運送人員物資，長期駐防南沙群島之主要島嶼太平島，設立南沙守備區，派陸戰隊田世功中校任守備區指揮官，另派一個通信分隊，將原在島上設立之氣象站，擴大為氣象台，增加設備，每日播報四次氣象資訊及高空（四萬至五萬呎高空）氣象，以利國際民航航空器之飛行。

中華民國海軍總部奉命編組成立寧遠特遣支隊，支隊長是海軍上校胡嘉恆，率領掩護、掃雷及探測區隊，於一九五六年九月廿四日自左營啟航，廿八日抵達太平島，當即登陸，展開運送補給物資，支援守軍官兵，並予宣慰。

國軍駐守南沙群島太平島上，所建立之紀念碑。

太平島經我南沙守備區官兵三個月來辛苦經營，島上防禦工事及道路等設施已粗具規模，除整修舊有建築物外，並已新建營房多幢，供駐守官兵居住。該島原有水井十一口，水池若干，均經整修，可供官兵飲用。小艇航道亦加修濬，並於島上設置標桿二處，專供小艇進出導航之用，高潮時，小艇可直達灘岸。島上官兵生活愉快，士氣旺盛。

九月三十日，寧遠艦隊開始偵巡南

沙群島各主要島嶼，先後偵巡鄭和群礁、道明群礁、中業群礁及雙子礁等大小島嶼礁洲共二十一個。

一九五六年十月一日，寧遠艦隊指揮官胡嘉恆上校率領太和及永順兩艦直駛雙子礁途中，太和艦於下午五時四十分發現不明船隻一艘，另發現一小艇自北子礁向該船接近，顯係企圖起錨逃逸，經以燈號詢問良久未獲答覆，嗣經辨認其所懸旗幟係屬菲律賓籍，遂派小艇前往實地臨檢，查明是菲律賓海事學校訓練船。同時派艇將該船船長克洛瑪及輪機長押送至太和艦，由胡嘉恆艦長訊問。

太和艦指派該艦副艦長劉和謙少校率領電信、輪機、槍砲等武裝戰士十五人，於當天下午六時十六分登該船實施臨檢，訊問該船代理大副得知，該船即係前曾兩度侵我南威及太平島之菲籍克魯瑪主辦的海事學校訓練船，船長是克魯瑪校長之弟克洛瑪（F. Cloma），船員十七人。在艙內搜出美造卡柄槍三支，子彈七十四發，〇・四五口徑手槍一隻，子彈十四發。臨檢小組遂將該船日記、航行報告、航行執照等重要文件，全部攜至旗艦太和艦，臨檢小組返旗艦後，即將該船長釋放。

次晨復召該船長至太和艦，告以免致與我駐軍發生誤會，暫將其武器保管，送交菲駐華使館轉還，並要求該船船長簽證一項文件：其要點是：

1. 承認在我領海內接受友善合法之臨檢，未受煩擾，並無任何損失；
2. 承認侵犯我南沙群島領海；

3.保證嗣後不再駛往南沙；

4.如違諾言，願接受我國國法及國際公法之處置。

為確認我友善之處置，由太和艦贈該船長汽油二十加侖，予以驅離。❷外交部部長葉公超於十月三日召見菲律賓大使，告知上述事實。菲大使允將事實陳報菲政府，並對我海軍處理態度之友善，表示感激。至於所沒收之武器，將循外交途經交與菲當局。

菲律賓副總統兼外交部長加西亞係克魯瑪同鄉，所持立場偏向克魯瑪。他在答覆克魯瑪函中說：「你在一九五六年十二月十四日上給麥格塞塞總統關於你在包括屬於所謂南威群島之若干島嶼在內的『自由地』的開礦活動的信收悉。外交部視這些島嶼、小島、珊瑚礁、淺洲及沙灘，包括你所稱的『自由地』，除那些屬於國際稱為南威群島的七個島嶼而外，均為無主之島（Terra nullius）。……至於國際上稱為南威群島等七個島嶼，因為在（一九五一年九月八日在舊金山締訂的對日）和約中，日本放棄對此等島嶼的一切權利與名義……。而未規定將該地主權及名義交給任何國家，因此南沙群島變成了無主地。」

中華民國外交部駁斥說：「自有史籍記載以前（From time immemorial），我海南島漁民即常川前往南沙群島作業。迨抗戰勝利後，我派軍駐守該地，並設立『南沙管理局』，治理該地事務，正式納入我行政系統；三十六（一九四七）年十二月一日內政部復公佈南沙群島全部島嶼名稱，完成國際法所規定之（佔有）措施；當時未聞有任何國家提出異議，是我已在國際法上取得該地之領土主權，殆無疑義。民國三十九（一九五〇）年五月八日，我軍因戰略關係撤離南沙，但無意放棄該地主權。根據一般國際法原則，領土之放棄（Dereliction）須具備二條件，即放棄之事實與放棄之意思。我匪特無放棄之意思，且有意思及能力將該領土重置於有效佔領之下，故在經先佔取得領土主權以後僅事實上暫時無人居住狀態，在國際法上並不構成領土之放棄。惟以該地無人居留，因而引起外人覬覦之念，滋生糾紛，故為確保領土主權計，我有重行派軍駐守及移民之必要。

一九五八年五月六日，南沙守備區扣留菲律賓漁船一艘，非法闖入南沙領海，經派員檢查，確為缺乏淡水，駛來太平島，並無其他企圖，經我駐軍協助添加淡水，並給予適當燃料糧食，令船長具結後，予以釋放。

至於南沙群島設治管理問題，仍應依照抗日戰爭勝利後中國內政部之規定，南沙群島直隸於海南特別行政區，在海南地區未光復前，暫委由高雄市代管，負戶籍管轄行政區劃之責，以免引起是新設治問題。

一九六〇年九月九日，台灣省郵政管理局在南沙群島設立郵政代辦所，歸高雄郵局管轄。嗣為便於郵運便利，該代辦所於一九六三年七月二十六日改隸台北市郵局管轄，以迄於今，此為我國主權行使之明顯事實。

中華民國國軍退除役官兵輔導委員會，自一九六三年起，在太平島設立南海開發小組，從事打撈廢鐵及開採磷礦工作。後在南子礁增設一工作站，各站均設站主任，技術員

南沙群島海邊景色怡人，風平浪靜，沒有颱風侵襲的紀錄。

新闢建的碼頭，可停靠軍艦、漁船。

及榮民多人，各島經常作業人數在一百五十人左右，在島上設有廚房、宿舍、倉庫、水井等設施。一九七一年增設磷礦粉碎加工廠，並加鋪輕便台車鐵軌，擴建簡易碼頭及發電機具，工作人員及生產目標，均大量增加。一九七四年八月起，台灣與太平島之間，開始有定期之海軍巡弋。

註　釋：

❶ 民國四十五年（一九五六）五月廿五日台北《中央日報》刊載「彭運生談南沙群島」之報導。

❷ 沈克勤編輯之《中國南海諸群島文獻彙編》之九《海軍巡弋南沙海疆經過》第一五七—一七三頁，台灣學生書局。

第四節　菲政府竟聲稱「卡拉延群島」為其領土

一九七四年二月五日，菲律賓因越南侵佔南沙群島，向越方提出書面抗議，並聲稱菲對南沙群島擁有主權。同時菲方亦照會我駐菲大使館，抗議我在南沙群島派有軍艦顯示武力。二月七日菲國防部長強調菲所要求主權之諸島不在南沙群島範圍之內。二月十一日我駐菲劉大使鍇照會菲方，重申我對南沙群島領土主權之立場。二月廿一日，菲總統馬可仕宣稱：有關南沙群島問題應以不流血之和平方式解決，或經由聯合國之協助下獲致解決，並重申菲律賓未對南沙要求主權，菲所要求之「自由地」諸島係在南沙群島之北。三月十一日，菲海軍總司令部宣佈北子礁燈塔修復，並自二月廿七日啟用。

菲律賓狂人克魯瑪竊佔南沙群島的島礁喧鬧多年，一九七二年菲律賓總統馬可仕逮捕了克魯瑪，他在牢中意識到，以他個人對領土要求是無法與中國對抗。於是在一九七四年十二月四日簽署了「轉讓證書和棄權聲明書」，把他所稱的「自由地」的全部區域讓給菲政府，這樣菲律賓政府竟認為它完成了取得南沙群島這些島礁的所有權。

一九七五年七月菲律賓與中國建交，雙方對南沙群島尚未發生爭執。一九七八年六月十一日，菲律賓發佈第一五九六號總統法令，把南沙群島中的三十三個島礁、沙洲、沙灘、總面積達六四、九七六平方海里的區域宣佈為菲律賓領土，劃歸巴拉望省的一個獨立自治區，把這個範圍內的島群命名為「卡拉延群島」（The Kalayamn Island Group），菲語「自由島」。菲律賓聲稱的「卡拉延群島」範圍，是從北緯 7°40′ 與格林威治東經 116°00′（在菲律賓條約界限上），為起點沿北緯 7°40′ 向西，直至與東經 112°10′ 相交，再沿東經 112°10′ 向北，直至與北緯 9°00′ 相交；再向東北，直至與東經 114°30′ 相交；再沿北緯 12°00′ 向東，直至與東經 118°00′ 相交，再沿東經 118°00′ 向南，直至與北緯 10°00′ 相交，再向西南，直至北緯 7°40′ 與東經 116°00′ 相交的終點。

從菲律賓所劃的「卡拉延群島」地圖上可以看出，它把我國南沙群島的主要島礁都劃入它的領土範圍，其中包括有中華民國駐軍的太平島，以及北子島、南子島、中業島、西鑰島、南鑰島、費信島、馬歡島、敦謙沙洲、鴻庥島、景宏島等三十三個島礁。

菲律賓對這些島礁著手積極經營，移民屯墾，派軍駐守，並在其中較大的中業島上建築軍用機場，可供噴射戰鬥機起落。除費信與禮樂灘所駐兵力不詳外，另在其他五島各駐有陸戰隊約一排兵力。一九八二年四月廿五日，菲國總理維拉塔（Cosar E.T. Varata）訪問中業島，宣稱菲國擁有卡拉延群島。為保衛該群島，菲國準備隨時對抗任何外來攻擊。

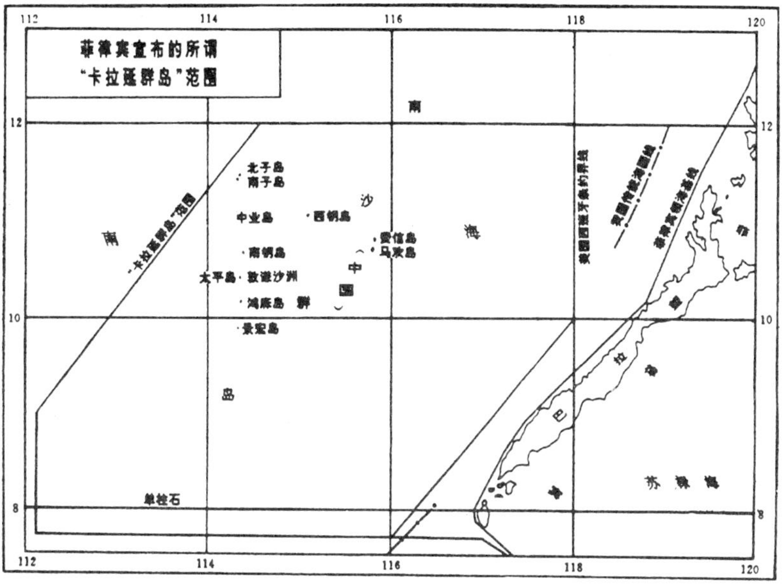

菲律賓宣佈的所謂「卡拉延群島」範圍

菲律賓聲稱對「卡拉延群島」擁有主權是基於三個理由：㈠群島對菲律賓的安全和經濟命派至關重要：在法律上不屬於任何國家；㈡菲律賓與這些群島最鄰近；㈢這些群島是無主地，如果有其他國家提出主權要求，這種要求已因放棄而失效。

當時菲律賓為了防止中共派軍進佔南沙群島，因而藉口安全和經濟利益，預先聲稱其對「卡拉延群島」擁有主權，即使菲律賓國家安全遭到某種威脅，任何國家不能以任何理由而把其他國家的領土宣稱為己有。這不僅違反國際法，亦違反國際正義。

國際間從不因地理位置的接近而改變島嶼的歸屬，在阿根廷沿海的福克蘭群島距離英國雖有數萬里之遙，也不能因鄰近而歸屬阿根廷。同樣的道理，菲律賓也不能以鄰近為理由，擅自把我國南沙群島的某些島礁說成是其領土。

中國根據國際法，對西沙群島和南沙群島擁有主權，是建立在最早發現、有效佔領並行使管轄權的長期歷史基礎上，南沙群島並不是「無主地」。中國對南沙群島的主權，從無放棄的意思，實際上太平島上駐有中華民國軍隊，並且常派艦艇巡弋其他島礁，宣示主權，不能因為某些島礁無人長期居住，即視為「因放棄而失效」。在印度尼西亞擁有一萬三千六百七十七島礁，有人居住僅九百三十一個，不能說印度尼西亞對這些無人居住的島礁，因沒有「佔領」而喪失，同樣在菲律賓群島中也有許多小島無人居住，我們不能說菲律賓放棄這些小島的主權。同樣的道理，中國也不會僅因為島上沒有人長期居留而放棄西沙和南沙群島的主權。❶

菲律賓聲稱擁有「卡拉延群島」（The Kalayaan）主要理由是依照海洋法上的「自然延伸原則」（Principle of Natural prolongation of the land into and under the sea），菲國認為「卡拉延群島」屬於該國巴拉旺省（Province of Palawan）在海底自然延伸的大陸邊緣範圍，二者構成一個完整的「巴拉旺盆地」，因此其主權應歸屬菲律賓。實則該等島礁與巴拉旺之間存在著深度高達二公里的「巴拉旺海溝」（The Palawan Trough），以致二者在地質上並不構成一個完整的盆地。菲國此一主張自不能成立，至為明顯。❷

二〇〇二年九月，菲律賓為其佔據南沙群島上島嶼創造「維持人類居住」的條件，強行向島上移民，組織了大約九十名菲人，包括六戶漁民人家，從西巴拉望省啟程，搭乘海

2000 年 4 月間，菲國軍方派出一架 C130 運輸機載運數十名軍方及政府官員到中業島召開研討會。（法新社檔案照）

軍一艘戰艦前往南沙群島中的希望島，企圖在島上開拓一個社區，他們攜帶有各種家畜糧食，計劃在島上居住三個月。據西巴拉望省長黎耶斯說：「他們確實計劃是想建立一個夢幻社區，如能達成，下一批移民將會陸續到來。」

菲律賓政府採取這種人為創造海島條件做法，根本不能作為提高島嶼權利的依據。公法學家克萊格特（Price M. Claggett）曾對《聯合國海洋法公約》第一百二十一條第三款所說的「人類居住」或「自身經濟生活」應作如下解釋：「人類居住」的標準應為永久居民的實際居住（或至少有這種可能），燈塔看護人或靠外地送來給養的防禦駐軍不能算。「自身經濟生活」應指岩礁本身或至少其周圍水域的資源（如捕魚）能夠為人類提供生存條件，始能具備海島的地位。純粹為增強這種主張而人為地輸入人口並靠外來補給維生，則不符聯合國海洋法所規定的海島地位，也不能因而主張這一島礁可以領有廣濶的海域。❸

菲律賓為強化其對卡拉延群島主權主張，二〇〇八年特別將其佔領的中業島，菲律賓稱為帕加薩島（Pag-Asa），面積約〇・三三平方公里，是南沙群島中的第二大島，開發成一處觀光勝地，並訂為「鎮級」行政區。當地沒有渡假村和飯店等設施。鎮長曼提斯說：中業島附近海域是理想潛水地點。菲律賓參謀總長艾斯畢隆說：菲國海軍艦艇可以負責將旅客載往該島觀光。為發展卡拉延群島觀光，菲方每年組團舉辦夏日遊活動。其目的是吸引菲律賓民眾到中業島定居，菲政府將為落戶者提供住所、糧食、甚至小型漁船等。這樣人為製造的假象，不符合國際法一國取得領土的要件。

註釋：

❶ 李金明著《南海爭端與國際海洋法》第八三—八九頁。
❷ 俞寬賜撰「南海領土紛爭及其化解途徑之析論」專論第六頁。
❸ Price M. Cleggetl, Competing Claim of Vietnam and China in the Vanguard Bank and the Blue Dragon Areas of the South China Sea; Part I Oil and Gas Law and Taxation Review, 1995.

第五節　美濟礁衝突事件

美濟礁位於中國南沙群島的東部，在北緯9°57'，東經115°44'，為一長四·六海里，寬約二·七海里的橢圓形環礁。距離菲律賓西部大約一三五海里，美濟礁就在卡拉延群島的中心位置。一九九五年二月二日，菲律賓軍方突然宣佈，在美濟礁發現有中國的軍事建築。菲律賓總統於二月八日隨即提出抗議，譴責中國的行動「違反國際法和一九九二年馬尼拉東協會議有關南中國海宣言的精神」。

中國外交部發言人解釋說：中國在美濟礁上的建築，是為了保護在南沙海域作業漁民的生命安全，是漁民避風場所，在工作開始之前就已事先通知菲駐華大使。菲律賓無視這些解釋，隨即於一九九五年三月出動海軍，把中國在五方礁、半月礁、仙俄礁、信義礁和仁愛礁等南沙島礁上設立的測量標誌炸毀，增設菲律賓的標誌物和掩護設施，並派有一連海軍陸戰隊駐守。三月二十五日又派出海軍巡邏艇，在空軍飛機支援下，突然襲擊停靠在半月礁附近的四艘漁船，拘捕船上六十二名漁民，指控他們「非法進入菲律賓經濟專屬區捕魚」及「非法破壞海洋自然環境」，提交法院控告。

一九九五年三月三十一日，中國外交部發言人陳健稱：大陸漁民歷來在南沙海域從事捕魚，這個地區是他們傳統漁場，菲國抓扣這些從事正常謀生的漁民，顯然是侵犯這些漁民的合法權益，要求菲律賓儘快釋放這些漁船與漁民。陳健並稱：在南沙群島問題上，海峽兩岸中國人應持一致立場。

菲律賓軍方發表的照片顯示，南沙群島的美濟礁中共所建的平台建築體上，有一具衛星天線。（法新社）

中華民國為執行漁業巡護任務，強化管轄功能，派台灣保警第七總隊第二大隊所屬三艘漁業巡護船，由總隊長楊子敬率領，於一九九五年三月三十一日自高雄啟程，駛往南沙太平島進行巡護任務。此舉曾引起菲、越兩國關注，菲律賓國防部長戴維亞說：「台灣在南沙群島部署部隊，勢必增加當地緊張，但我們毫無辦法。」

菲方為引起國際關注，於五月十三日派出一艘四千噸登陸艇載運三十八名菲國與外國記者，送往美濟礁採訪，遭到中國兩艘漁船阻礙，菲律賓船長立即召來一艘巡邏艇馳援，稍後中國兩艘軍艦在十五海里外出現，顯然前來聲援中國漁船，雙方僵持七十分鐘。最後菲律賓軍官坦尼加率領第一批記者搭乘一架飛機，低飛到美濟島中國建築物上空十公尺高，作為示威。

一九九五年五月十三日到十六日，菲律賓軍艦載送媒體記者前往爭議中的美濟礁採訪，導致南海情勢再度緊繃。圖中，一架菲律賓直升機正載送外國新聞記者，前往美濟礁上空採訪、攝影，遠處一艘中共漁政船則密切監視著菲律賓軍方的行動。（美聯社）

菲律賓自一九九二年以來，數度挑起美濟礁事件，其目的是在鞏固其在卡拉延群島的非法地位，聯合東協國家共同對付中國，和要求美國給予軍事支援。美國駐菲大使館一再表示：「美菲共同防禦條約並不適用於南沙群島，美國亦未支持南沙群島爭議的任何一方，只希望南沙爭議能得到和平解決。東協國家正面臨經濟風暴，亦無力顧及南海上的島礁問題。因而菲律賓感到自身無力防衛其在南海上領土主張，期望藉由印尼舉辦的南海問題研討會，達成暫時解決辦法，菲政府終於將逮捕之中國漁民全部釋放。支持由第三者出面調停，與中國及越南共同開發南海資源。

一九九五年八月九日至十日，中國與菲律賓就南沙問題舉行磋商，突破會談僵局，發表聯合聲明，同議雙方不使用武力，應遵循國際法及《聯合國海洋法公約》用和平方法來解決爭端。中方建議共同開發爭議島礁，菲方認為涉及法律及技術問題，同議成立專家小組先行研究，可在氣象、航行安全、防止海盜及海洋環境研究與保護方面進行合作。中國甚至許可，菲律賓漁民進入美濟礁海域捕魚。

第六節　中菲爭奪黃岩島

黃岩島位於中沙群島之東，自古以來即屬中國。因其距離菲律賓中呂宋西方約一百二十海里，菲律賓政府於一九七八年六月十一日頒佈總統令，規定其經濟專屬區應從領海基線量起，一九九九年按照菲國的基線繪製新地圖，竟將中國的黃岩島納入其新版地圖。菲律賓總統府秘書莫拉沙還援引《聯合國海洋法公約》的規定，群島國家的經濟海域為二百海里為由，乃將其納入菲國版圖。

中國外交部發言人章啟月於一九九九年六月十日指出：黃岩島歷來是中國固有領土，眾多中國歷史文獻都有記載黃岩島屬於中國。而且自一九三五年以來，中方曾對該島實行有效管轄的政府措施。即使依照界定菲領土範圍的三個條約，一八九八年巴黎條約、一九〇〇年華盛頓條約和一九三〇年美英條約都明確規定，菲領土範圍的西部界限在東經一百一十八度，而黃岩島在此線以西，係中國中沙群島的組成部分。在一九三五年菲律賓憲法、一九六一年菲領海基線法，以及菲政府公開的文件中均確認這一界限。過去菲政府出版的地圖，也明確標明黃岩島不在菲領土範圍之內。❶

章啟月說：「菲律賓方面以二百海里專屬經濟區為藉口，對中國的黃岩島提出領土要求，這在國際法上根本站不住腳的。」領土主權是海洋管轄權的基礎，海洋管轄權是從領土主權派生的權益，這是現代海洋法最基本的原則。菲律賓不能以海洋管轄權為由，將二百海里以內的外國領土也據為己有。❷

菲律賓眾議院於二〇〇七年三月十六日通過第三二一六號法案，企圖修改第三〇四六號共和國法令，將菲律賓群島基線擴大到南沙群島。中國曾致函菲律賓外交部，重申中國對南沙主權的立場。

二〇〇七年十二月，菲律賓眾議院二讀通過「制定菲律賓領海基線法案」，擬將南沙群島和黃岩島列入菲律賓領海範圍之內，該法案引起中國抗議被延後通過。依照《聯合國海洋法公約》要求各締約國在二〇〇九年五月前提交領海基線聲明，按照該公約的規定，如果列入領海基線範圍之內，不僅有十二海里的領海，還將擁有二百海里經濟專屬區，如果只作為所屬島嶼，則只擁有領海。因此菲律賓總統府建議眾院，僅將菲律賓主群島列入領海基線範圍內，而把南沙群島和黃岩島列入菲律賓所屬島嶼。❸

註釋：

❶ 李金明著《南海爭端與國際海洋法》第七四—八三頁。

❷ 美國舊金山《世界日報》一九九九年六月十一日刊載章啟月所發表之談話。

❸ 美國舊金山《世界日報》二〇〇八年四月九日新聞報導。

第九章　馬來西亞與汶萊企圖染指南沙群島

第一節　馬來西亞侵佔南沙島礁

馬來西亞在一九六九年修訂一九六六年《馬來西亞大陸架法》中規定：馬來西亞的大陸架包括鄰接馬來亞州、沙巴州和沙撈越州的領水界線以外的海底區域的海床和底土，該海床表面在海平面以下二百米以內深度，或者在深度更大而其上覆水域的深度容許對區域的自然資源進行開發的地方，因為南沙群島南端的幾個島礁被劃在其大陸架上，遂聲稱歸其所有。

一九六九年十月二十七日，馬來西亞與印度尼西亞在吉隆坡簽訂關於兩國之間大陸架劃界的協定，於同年十一月七日生效。該協定在南中國海東部所劃的界線，在沙撈越海岸外五個基點的坐標如下：

馬來西亞的領海基點

基點	東經	北緯
21	109°38.8'	2°05'
22	109°54.5'	3°00'
23	110°02'	4°40'
24	109°59'	5°31.2'
25	109°38.6'	6°18.2'

連接這些基點的直線，包括了南沙群島海域的安波沙洲——柏礁——南海礁——簸箕礁——榆亞暗沙——司令礁——校尉暗沙——南樂暗沙——都護暗沙，界線以南的廣大區域（包括油氣資源很豐富的曾母盆地和汶萊沙巴盆地的海上部分），都被劃入馬來西亞的大陸架界線之內。

馬來西亞這種做法，顯然無視我國在南沙群島的主權。它企圖以鄰近其大陸架為理由，聲稱對南沙群島這些島礁擁有主權是不合法的。因為這些島礁自古以來就是中國的領土，並非是無主地，馬來西亞不能籍其大陸架的延伸，而對原屬於中國的這些島礁提出主權主張。換句話說：馬來西亞不能把自己的大陸架擴展到中國或他國的領土上，不管南沙群島這些島礁是如何靠近馬來西亞的海岸。[1]

一九七九年十二月二十一日，馬來西亞新出版一張領海和大陸架疆域圖，擅自把南海東南部的十二個島礁劃入馬國版圖，認為這些島礁是在馬來西亞大陸架上，應該屬於馬來西亞領土。

一九八三年六月三日，馬來西亞乘著參加英、澳、紐、新、馬五國海空軍演習之便，派兵侵佔了彈丸礁（Terumbu Layang Layang）。一九八六年十一月，馬來西亞又佔據了光星子

彈丸礁（拉央拉央島）的地理位置

礁（Ubi）和南海礁（Matanani）以及附近的六個島礁。這些島嶼位於沙巴外海，海底蘊藏有石油。

馬來西亞企圖將彈丸礁發展為觀光景點，在彈丸礁西端建有軍營和長達一千零八十公尺的飛機跑道，東端建有渡假村，共有七十八間設備齊全客房，供觀光旅遊。

馬來西亞主張對南沙群島南端若干島礁擁有主權，其所持的理由是該等島礁位於馬國大陸礁層及專屬經濟區範圍之內，因此被視為馬來西亞領土。這種主張完全不合法理。因為依照國際法，唯有島嶼有權享有大陸礁層及專屬經濟區，絕無由大陸礁層和專屬經濟區決定島嶼主權的歸屬。❷

對於馬來西亞將南沙群島中兩個小島劃入其新出版的地圖，中華民國外交部發言人金樹基於一九八〇年四月廿五日在記者會上聲明：「南沙群島為中華民國固有領土之一部分，中華民國政府曾一再聲明中華民國對南沙群島唯一享有合法主權國家❸之嚴正立場，此一立場絕非任何方面之片面行動或措施所能改變。」

一九八八年初，中國警告越南不得在南沙群島駐紮部隊，繼發生武力衝突，引起馬來西亞外交部副部長阿都拉法西爾於六月廿七日在國會答覆質詢說：自一九七九年起馬國已將南沙群島若干島嶼劃入馬國版圖，一九八三年五月起曾派兵駐守，現中華民國、越南、

菲律賓及中國大陸均對該群島提出領土主張，馬國擬與上述各國舉行雙邊談判，如不成功，則將訴諸國際機構以謀解決。❹

一九九九年七、八月間，馬來西亞在榆亞暗沙（Terumbu Peninjau）和簸箕礁（Terumbu Siput）建築設施。他們採用新的浮動組裝預製建築方式，短時間內即在榆亞暗沙礁盤上建成兩層鋼筋混凝土永久式樓房。馬來西亞佔據榆亞暗沙，其界限已越過北緯八度，侵入中國海域範圍。榆亞暗沙既靠近菲律賓佔據的司令礁。又鄰近越南佔據的南華礁，於是引起鄰邦中、菲、越三國分別提出抗議。馬來西亞政府表示：願與上述各國分別舉行雙邊談判，解決對南沙群島的爭議。

馬來西亞外交部長巴達威一九九二年四月二十二日說：馬國和越南同意對解決南沙及西沙領土爭議問題的四項解決原則：

一、決定在南沙及西沙爭議領土的實際問題。

二、僅在兩國發生爭議的區域進行談判，未有爭議地區不論。

三、在發生爭議的區域，著手聯合發展（如探勘石油），以確保兩國共同利益。

四、共同發展有爭議的區域，但不可影響日後劃定領土（包括海底暗礁）的結果。

馬來西亞副總理兼國防部長那吉於二〇〇八年八月十二日前往中國與越南都宣稱擁有主權的拉央拉央島（即彈丸礁）巡視。他強調，馬國擁有該島主權，其他國家若也主張擁有主權，可經協商解決。中國駐馬國大使程永華對於那吉登上拉央拉央島表示關切，希望這項舉動不會破壞中馬關係。那吉完成巡視後說：馬國政府有意加長拉央拉央島的飛機跑道，並加深航道，讓更大型的飛機船隻起降及靠岸。並說在這裡駐軍是必要的，如此才能開採這裡的石油資源。❺

註　釋：

❶ 李金明著《南海爭端與國際海洋法》第九二—九八頁。
❷ 俞寬賜撰〈南海領土紛爭及其化解途徑之析論〉一文第八頁。
❸ 中華民國《外交部檔案彙編》第一三二二頁—一三二三頁。
❹ 中華民國《外交部六十五年四月一日至六十六年六月三十日聲明及公報彙編》第一五頁。
❺ 二〇〇八年八月十三日美國舊金山《世界日報》新聞報導。

第二節　汶萊染指南沙礁灘

汶萊原來是大英聯合王國的保護國，一九八四年一月一日始成為獨立國家。一九八四年一月七日成為東協會員國，一九八四年十二月五日簽署一九八二年《聯合國海洋法公約》。

汶萊繼承英國一九五四年在汶萊海岸外一百海里深處劃一條海域界限，又根據《聯合國海洋法公約》的規定劃出二百海里經濟區，聲稱對我國南沙群島的南通礁擁有主權，其大陸架進一步延伸到我國南薇灘，說是「從其海岸外以一條走廊延伸出二百海里，至南沙群島的南部，包括了南薇灘和卡拉延群島一角。」不過汶萊沒有派兵佔據南沙群島的任何島礁。

汶萊在南海所劃出的經濟區，不僅與周邊國家馬來西亞、菲律賓和越南提出的專屬經濟區重疊，而且劃入我國傳統疆域內三千平方千米。這項主權爭議，有關國家須按照海洋法規定進行相互之間的海域劃界談判始能解決。❶

註釋：

❶ 李金明著《南海爭端與國際海洋法》第一〇三—一〇四頁。

第十章　南海海域石油開發的爭議

第一節　南海海域蘊藏豐富石油

一九七〇年代，聯合國亞洲暨遠東經濟委員會報告說，南海海底蘊藏有大量的石油資源，引起周邊國家搶先侵佔南沙群島的島礁，企圖探勘那裡的石油，因此更加激化南沙群島的主權爭議。

現今南沙群島的石油資源成為周邊國家爭奪的集點，究竟南海海底石油及天然氣蘊藏量有多少？並未明確勘測出來，而且英美油公司多低估南沙群島的石油蘊藏量，希望將來開採時從中獲取厚利。周邊國家則多持樂觀看法，期望它將來能以滿足日增的石油需求。

中國科學院南沙考察隊科研船三艘於一九八七年四月中旬迄六月初前往南沙周邊海域進行海洋調查，發現曾母暗沙以北的大陸架上有一個大型沉積盆地，沉積岩厚度約一點五萬米，是蘊藏油氣最為豐富的地區之一，極有可能成為第二個波斯灣。中國國家海洋局遂在南沙群島建立海洋科學站，繼續勘探南沙海域資源。據中國地礦資源部估計，南沙石油蘊藏有一百多億噸，天然氣有二十多萬億立方米。

一九九五年二月十四至十八日在馬尼拉召開的東南亞地礦能源第八次地區會議上，俄羅斯海外地質研究所四位科學家提交一篇關於「南沙群島地區的地質和石油潛力」的論文，估計南沙群島地區的碳氫化合物資源總量相當於十億噸原油，據說其中百分之七十是天然氣，但石油仍有一百億桶。

最樂觀的估計，西南沙地區石油蘊藏量約有一千五十億桶，但尚未證實。值得開採的僅佔百分之十。中國依此估算，每天可產一百九十萬桶石油。據西方國家地質調查樂觀估計，南沙地區蘊藏石油十到二十億桶，每天最多能產油十八萬到三十七萬桶。

在今日亞洲各國石油消耗量日增的情況下，南沙海域蘊藏有豐富石油，自將成為周邊國家爭先搶奪的地區，但有無開採價值，卻值得深加探討。在南海周邊國家對於南沙島礁的主權爭執迄不退讓的情況下，任何一國擅自在此海域開採石油，無異火上加油，誰也不願冒戰爭風險。而且南海海底深邃，在深水海底勘探及鑽井耗費鉅大，究竟能開掘出多少油氣，均無十足把握，可能得不償失。因而南海石油是否值得探勘開採，油公司需要從長計議。

目前根據有限的二手資料，在南沙群島及其附近深海的地質化學所探測的資料仍不確實，由民間公司去探勘石油意願不高，加以南沙群島海底太深，開採石油成本過高，有無商業價值也是問題。❶

註釋：

❶ 李金明著《南海爭端與國際海洋法》第一七八—一八六頁，北京海洋出版社。

第二節　中越開發南海石油的爭議

一九九二年五月八日，中國海油公司與美國克里斯頓能源公司（Crestone Energy Co.）簽訂一項開發南海西南部一塊約七千三百四十七平方海里（兩萬五千一百二十五平方公里）的海底石油，為期五年。這塊地區位於南沙群島的南威島西南的萬安灘附近，稱為「萬安北—21」合同。

越南獲悉後，聲稱該項合同「嚴重侵犯了越南大陸架和專屬經濟區的主權」，理由是該合同開發區域距離越南測算領海寬度的基點——海島（Hon Hai Islet）——不足九十海里。越南認為侵犯到其大陸架上的前衛灘（Vanguard Bank）。

上述爭議的關鍵，一方面是「萬安北—21」地區是否南沙群島的一部分？另一方面是「萬安北—21」地區是否在越南的大陸架之內？

中國南沙群島的範圍，位於東經 109°30'-117°50'，北緯 4°-11°30'，而「萬安北—21」地區指的是萬安灘群，包括廣雅、人駿、李準、西衛和萬安五個灘，位於東經 109°36'-

110°31'，北緯 7°28'-8°08'，顯然是在中國南沙群島範圍之內，早就屬於中國領土。

至於萬安灘群所處的海域是與越南中南部的順化地區相對，距離越南大陸海岸約二百多海里。依照海洋法的規定，越南中南部順化地區大陸架實際寬度僅約一百海里，向外就是深海區，不是大陸架，故萬安灘群不是越南大陸架自然延伸出海的暗礁區域，不在越南大陸架之內。❶

越南在南海海域開發石油，主要有白虎（White Tiger）、大熊（Great Bear）和青龍（Blue Dragon）三個油田。白虎油田是與前蘇聯共同共發的油田。為了對抗中國，一九九四年五月，越南把青龍地區批准給一家包括美國美孚石油公司（Mobil）在內的國際財團，這塊地區正好位於克里斯頓合同區的西部，在中國所屬的南海海域之內。

一九九六年四月十日，越南又把位於胡志明市東南約四百千米的西塊海域稱為１３３和１３４地區，總面積達一萬四千多平方千米的石油勘探區，批准給美國杜邦公司（Dupont Co.）附屬的大陸石油公司（Conoce Inc.），這兩塊勘探區把克里斯頓合同區占去了一半。

中國外交部當天即提出強烈抗議說：中國「不准許任何國家在此地區作任何勘採，中國對南沙群島擁有無可爭辯的主權。」越南外交部隨即反駁說：授予大陸石油公司勘採的地區「是在越南的大陸架上，完全是在越南的主權管轄之下。」❷一九九二年十二月，中國總理李朋與越南總理吳文傑（Vo Van Kiet）商討此一問題，雙方同意用和平方法解決。中方建議越南開發其大陸架上的石油，其餘區域由中方開發，越南拒不接受，認為依照《聯合國海洋法公約》規定，全區屬其所有，主張將此項爭議提交國際法院解決。

越南當局深知其武力不足與中國對抗，它乃與東南亞國家結合，於一九九五年七月參加東協，企圖以東協集團力量對抗中國。越南更希望美國在南海扮演安定力量，與美國恢復邦交，以加強本身力量，與中國解決南海群島的主權爭議。

如果中越能夠解決前衛灘與萬安北地區的爭端，共同開發石油對中越雙方均為有利，最終將可導致解決南沙群島其他島礁的爭議。中共主席江澤民一九九四年十一月訪問越南，雙方同意協商解決南沙島嶼爭議問題。越南外長阮孟琴（Nguyen Manh Cam）表示：越南並不反對中國建議共同開發前衛灘油田，問題是採取何種方式，需要進一步商榷。

越南期望美國克里斯頓石油公司能將越南的前衛灘轉包給國際大石油公司開發，提供資金與技術，並培訓中越技術人員。同時美孚石油公司開發的青龍油田，涉及到中國所劃的歷史界限，盼望中方不要堅持，並告知美孚石油公司，雙方同意以和平方式解決。一九九五年中越雙方同意設立專家小組，研商共同解決萬安北及前衛灘油田開發問題，中越如有意願，終將會協商出解決辦法。

註釋：

❶ 李金明著《南海爭端與國際海洋法》第六九—七三頁，北京海洋出版社。

❷ 同上書第六九—七〇頁。

第三節　菲律賓在南沙島嶼鑽採石油

能源供應一直是菲律賓政府所面臨的嚴重問題，他們企圖將卡拉延群島區域可能蘊藏的豐富石油資源竊據為己有。早在一九七六年菲律賓與一家瑞典石油公司（The Salenet Wiceander Firm）合作在「卡拉延群島」中的禮樂灘（Liletan、或稱蘆葦洲 Reed Bank）開始鑽採石油。

中國曾於一九七六年六月十四日發表聲明，警告菲律賓在南沙群島禮樂灘區域鑽油作業侵犯中國領土主權。菲律賓外交部長接著於十五日發表談話，聲稱菲在上述地區鑽探石油，係依照一九五八年聯合國大陸礁層公約之規定。菲國有權在巴拉望島西二百英里以內之經濟區域探勘石油。菲律賓報界也著論指出，菲律賓對其群島以西包括禮樂灘在內早已聲明係菲國領土，且菲國已長期佔有禮樂灘，菲人不應退讓，並主張各國對南沙群島之爭執應謀和平解決之道。菲政府能源發展局稱：禮樂灘鑽油作業已達一萬英尺，除非該區域無油或收到正式訓令，目前無意停止鑽油作業。同時菲律賓又邀請美國美孚（Mobil）、埃克森（Exxon）、殼牌（Shell）和印第安納標準石油公司（Standard Oil of Indiana）在「卡拉延群島」周圍勘探石油。一九九四年七月，菲律賓再次宣佈美國 Alcorn 石油公司在卡拉延區域

作石油勘探試驗，使得問題更趨複雜。❶

註釋：

❶ 中國民國《外交部南海諸島檔案彙編》第一三二二—一三二七頁，台灣商務印書館。

第四節　印尼和馬來西亞開發南沙石油

印尼在南沙海域的石油開發主要集中在那土納島（Natuna）周圍，因此，印尼對於南海問題最關切的，是中國在南海所劃的歷史疆界線伸展到那土納群島北部區域。一九九四年十一月，印尼與美國艾克森（Exxon）石油公司簽訂三百五十億美元開發該地區天然氣合約，艾克森公司要求印尼保證該地區與他國沒有領土主權爭議，合約簽訂後，中國並未提出抗議，出乎印尼政府意外，但它在那他納群島北部距離南威島西南三百二十四海里處的大陸架與馬來西亞重疊，仍有劃界爭議，未有解決。

馬來西亞在一九七二年首次在其大陸東部近海及沙撈越和沙巴外海發現石油，一九八〇年，每天平均煉油四萬噸，一九八三年開始出口液化氣。馬來西亞為了發展近海石油，一九七九年十二月二十一日，馬來西亞新出版的領海和大陸架疆域圖，就把南沙海域東南部的南威島等十二個島礁，劃為自己的領域之內。一九九九年七至八月間，馬來西亞又在榆亞暗沙和簸箕礁上建築設施，佔為己有，侵犯了中國固有領土與印尼的疆界糾紛。

第五節　南海石油開發的前景

南海諸島的主要爭議在於主權及其戰略地位，石油開發尚是次要問題。可知石油不是爭議主體，國家為了長遠利益，對於領土主權都不願為了石油而放棄其領土要求。不過南海有關國家如能共同經營石油開發，將可增加互信而減少軍事對抗。

南海有關國家既不願放棄其領土要求，也不願為這些蕞爾小島發生軍事對抗，為了主權爭議，彼此僵持了半個世紀之久。這才體認到祇有擱置主權爭議，在爭議地區共同合作開發石油資源，既無損於其領土主張，又可共享石油開發之利。

在世界經濟趨向全球化的今天，為了經濟發展，最近三十年來，東協國家已達成相互信任和諒解，中國大陸與台灣也在進行和解。尤其最近油價飆漲，發展中國家對石油與天然氣的需求，日加迫切，共同開發石油，已經達到成熟階段。

但共同開發南海石油，有其實際的困難。第一必須勘查出南海海域蘊藏石油的確定地點及油量；第二必須確定共同開發的參加者；第三必須確定共同開發的方式和途徑，這些問題，以現今科技的進步和國際間共同開發的模式，都不難解決，惟需要時間進行和耐心協商，所以共同開發南海石油的前景是樂觀的，有關國家最終將會在南海海域達成共同開發的協議，同享共同開發的成果。

第十一章　各國對南沙諸島主權所持立場

第一節　各國佔領南沙島嶼現況

自秦漢以來，中國閔粵沿海漁民，每年乘季候風駛往南海諸島補魚為生，兩千多年來，世世代代，在南海經營發展，成為中國領土，沿岸各國從無提出異議。十八世紀之後，西歐帝國紛向東南亞爭奪殖民地，南海風雲隨之而起。

一九四〇年初，法國艦艇侵佔南沙群島九小島，引起中國政府強烈抗議與交涉，法國憑其船堅砲利，迄不退讓。至一九四二年，日軍發動太平洋戰爭，始將法軍趕走，作為進攻東南亞國家的潛艇基地。一九四五年，日軍戰敗投降，中國正式派艦收復南海諸島，並於一九四七年由中國內政部公佈南海疆界圖，標明在東沙群島、西沙群島、中沙群島和南沙群島四周劃十一條斷續疆界線，明確標示界線內為中國領土，當時並無任何國家提出異議。

一九四九年，中華民國退至台灣，迄今仍派軍駐守東沙群島及南沙群島中的太平島，並建立各種行政設施。

中華人民共和國現佔有西沙群島、中沙群島及南沙群島中的永署礁、渚碧礁、南薰島、赤瓜礁、壆南島、華陽礁、東門礁、威南礁、信義礁、美濟礁等十個島礁，在南沙島礁樹立標誌為中國領土，島上現在駐軍二百六十人，建築營房兩棟，高腳屋五座，直昇機場一個，雷達站一座。

一九五一年九月初，同盟國在美國舊金山召開有關日本的和平會議，九月八日簽署對日和平條約，約文第二修規定「日本公開放棄在南沙群島和西沙群島的所有權利」，因為約文中沒有指定繼承國，遂引起周邊國家的侵佔。一九六〇年代末期，聯合國亞洲經濟暨社會委員會發現南海海域蘊藏有豐富的石油及天然氣，更加引起南海周邊國家爭先搶佔南沙島礁。

一九七五年，越南統一之後，即以繼承法國曾佔過九小島名義，侵佔南沙群島中二十四個島礁，即那船蘭島、安達島、鴻庥島、大現礁、小現礁、景宏島、鬼喊礁、六門礁、奈羅礁、南子礁、敦謙沙洲、瓊礁、南華礁、畢生礁、南威島、無面礁、立威堡、日積礁、黃雅礁、萬安礁、蓬勃堡、大兜礁、東礁及安波那沙洲，駐軍六百人，直昇機坪四座，在南威島建有機場跑道長一點四公里，並配有發電及通訊系統。

一九八二年《聯合國海洋法公約》公佈之後，菲律賓遂以鄰近南沙克拉延群島為籍口，侵佔南沙群島中十四個島礁，即北子礁、中葉島、西月島、馬歡島、費信島、禮樂

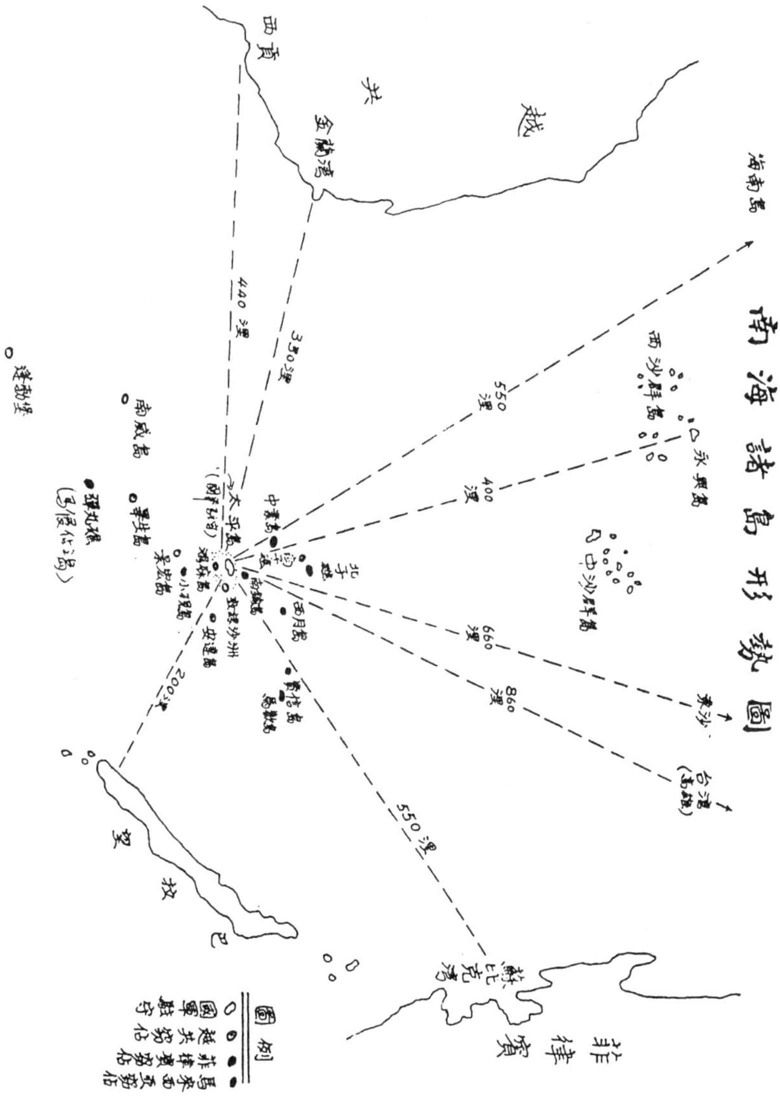
南海諸島形勢圖
海南島
越共
西貢
金蘭灣
西沙群島
永興島
中沙群島
東沙
台灣(高雄)
菲律賓
蘇比克灣
巴拉望
太平島
(國軍駐守)
南威島
440浬
350浬
550浬
400浬
660浬
860浬
550浬
200浬
圖例
國軍駐守
越共竊佔
菲律賓竊佔
馬來西亞竊佔

灘、南鑰島、司令礁、揚信沙洲、半月礁、五方礁等，駐軍四八〇人，建營房數棟，在中業及馬歡兩島建有長一點四公里飛機跑道。

馬來西亞認為南沙群島南端九個島礁在其沿海大陸架上，派兵侵佔彈丸礁、光星仔礁、南海礁，並宣稱安波那沙洲，Terumbu Mantanani, Terumbu Semarang, Barat, Besar, Terumba Perahu 等島礁為其所有。

汶萊於一九八八年在其沿海劃二百海里專屬經濟區，宣稱位於專屬經濟區內的南通礁及卡拉延群島南端一小角為其所有。

沿海各國為爭奪南沙群島的島礁，使用各種方式來支持它們的各自主權主張，例如有的國家制訂法律或公佈地圖，將其所佔島礁劃為本國領土；有的國家提出歷史文件，證明這些島礁早已屬其所有；有的國家派兵佔領，懸掛其國旗，或立碑標誌；有的國家在其所佔島礁上建設工事，設立科學研究站；有的國家開放觀光或邀請媒體前往採訪；有的國家核准油公司前往開採；馬來西亞甚至聲稱在其所屬的海域內逮捕菲律賓漁民，菲律賓同樣在卡拉延群島逮捕中國漁民，用以彰顯該海域為其所有。

《聯合國海洋法公約》規定：島嶼不能維持人類生存，其本身不能產生經濟專屬區。為此，馬來西亞特在燕子礁（Swallow Reef）建設小型機場及旅館，供人民前往旅遊，顯示燕子礁是可以維持人類生活的。同樣，菲律賓在中業島（Pagasa）發展觀光。越南也在其所佔的島礁上建立漁港，一九九二年十二月邀請外國記者前往其所佔島礁實地採訪。

中國願意提供船隻，給爭奪南沙島礁國家在南沙群島從事共同科學探測，企圖獲得他國的贊同。中國在世界氣象組織的贊助下，在其佔據的島礁上建立現代海洋觀測站及氣象台，收送衛星資訊，提供來往飛機及船隻的氣象資訊；在永署礁建設海軍基地及碼頭，可供四千噸船艦停泊，並建有直昇機降落場；設立郵局及電信局，可與中國大陸直接通信。中國於一九九二年頒佈領海及鄰近區法，明確宣示適用於南沙群島。

一九八七年，中國組織「中科院南沙綜合考察隊」，對南沙群島及海域的海洋生物資源與生態環境、油氣地質概況、島礁及水道、海岸環境等，進行科學考察，至一九九一年始完成此項五年計劃，已就南沙群島的西南區及北中和西部海域，分別從事綜合性的地球物理調查及探測，發現曾母暗沙盆地總面積二十五萬平方公里，是南沙海區最大和最有油氣形成及聚集條件的盆地；禮樂灘盆地四萬平方公里，亦有油氣遠景。

第二節　有關國家對南海諸島的立場

第一項：中國立場

中國近年在經濟軍事力量日漸強大，同時增強其在南海的海軍實力，因此，中國在南沙群島主權爭議中扮演重要角色。中國基於最早發現及先佔理由，聲稱南沙群島自古即為中國專屬所有。對於南沙群島主權爭議的立場，堅稱「主權歸我，暫擱爭議，聯合開發」

的主張，並堅持「三不」政策：㈠對南沙群島的主權爭議堅持雙邊協商，不願從事多邊協商；㈡主張南沙群島全部島嶼為其所有，不對某一特定島礁提出主權要求；㈢不願將南沙問題國際化，反對非爭議國涉及南沙問題的協商。

中國主張與其他有爭議的國家共同開發整個南中國海海域內的石油及天然氣，包括沿海國家的大陸架在內。中國明確反對成立國際組織來處理南海區域問題，同時反對印尼主辦的南海問題研討會成為政府間的正式會議，以免引起對台灣的承認，因而主張南海主權爭議由雙邊協商解決，必要時可由雙邊共同開發南沙群島的資源。

中國立場是整個南中國海為其所有，但不明確在其所繪的連續疆域線內的是僅指島嶼，還是包括南中國海整個海域及海床，如果是僅指島嶼，是否要在這些島嶼建立專屬區及大陸架。中國如果是在其所屬島嶼設立經濟專屬區及大陸架，必然會與沿海國家的專屬經濟區及大陸架重疊。中國主張對於此項重疊，應由爭議國依照《聯合國海洋法公約》協商解決，反對經由國際機構處理區域問題。

中國期盼在南海主權爭議問題國際化之前，儘量解決，以防止此地區以外的強國捲入。由於南沙群島位於重要的國際航道並蘊藏豐富石油，以及爭議國家如馬來西亞與英國、菲律賓、澳、紐及美國訂有協防條約。如果南海發生衝突，美日將會出面調停或干涉，以保衛其海上航道安全。中國倘能與爭議國達成協議，共同開發，將使中國在南海取得合法夥伴，成為歷史上廣施仁政的一國領導者。反之，中國如對任何南沙群島爭議國採取武力行動，將會引起國際的反對，陷自身於孤立，而使外國投資者裹足不前。

自一九四九年中共政權成立以來，現今中國與南海鄰邦的關係是最好的時期。中國在其邊境採取和平政策，認為與鄰國改善經濟關係將有助於其現代化。

時間對中國有利，中國政局如果能夠維持穩定，最終將可成為軍事及經濟強國，其對南海群島的影響在不斷增強，最後中國將可掌控南海群島的紛爭，而取得大部分海域。中國倘能善用它的經濟誘因及強勢武力，最終南海諸島主權紛爭的解決，必將對其有利。

中國對台灣在南海問題的立場，認為「台灣是自己人」，對外立場相同，兩岸政府應站在中國人的共同利益立場上，對維護及爭取南海主權，應有一致默契。中國國務院副總理吳學謙於一九九二年七月二日表示：南海屬於中國主權範圍，兩岸不可能分享，但可共同開發，希望台灣參加共同開發南海海域的石油資源。

一九九五年七月，中國外長錢其琛在婆羅乃東協外長年會上宣稱：中國願依據國際法及《聯合國海洋法公約》與東協各國協商解決南沙群島主權爭議問題。並且中國一向重視南海海域國際航道自由與安全，暗示中國在南海的領土主權要求將不包括國際重要航道，不影響國際航道的自由通行。一九九五年，中國與菲律賓共同宣佈，兩國不以武力解決南海爭端。期望此一協議將成為南海區域各國解決主權爭議的開端。

第二項：中華民國立場

中國大陸與台灣都主張擁有南海主權，由於南海的主權，涉及國家民族利益問題，雙方立場一致，都不願見南海島礁被外國侵佔，都要維護整個中國人的共同利益。且兩岸政府都堅持一個中國立場，主張國家終極應歸於統一，而在南海的共通立場，是兩岸難得的交集點。

大陸學者多次在南海學術問題研討會中提出，大陸與台灣均是南沙爭端的當事者，有責任相互協調，一致對外，維護國家主權和民族利益。中共國家海洋局官員更公開表示，在南沙目前形勢下，兩岸在南沙問題上的合作實有必要，不僅可以表明海峽兩岸在南沙問題上的共同立場，共同主張，不給其他周邊國家任何可乘之機；而且以實際行動向周邊國家展現開發南沙的決心與實力，宣示主張共同開發與區域合作的誠意。

中國國家海洋局官員指出，兩岸合作領域、內容以及方式，可通過兩岸相應的機構具體協調。在南沙海域開發方面，不妨先從物理探勘方面著手，在此基礎上進一步商定鑽採開發事宜。

台灣大學傅崑成教授認為，兩岸的中國人若肯在南沙問題上積極合作，這些周邊國家並不會在國際社會上對中國人有何不利。尤其是在南海U型疆界線內的水域，進行合作，不但東協國家無話可說，更有助兩岸關係的良性發展。可是兩岸由於政治和外交理由，在爭取南沙利益的國際會議上，不能通力合作，中國堅持「一個中國」舊的理念，不願給予台灣官方地位和對等權力，迫使台灣接受「主權屬於北京」，一旦台灣接受了這個原則，台灣以後談判主客分明，北京以主體的身分，進行對台灣這個客體有主裁的作用，如此，台灣當然不能接受，兩岸在南海的合作，自然也就更為困難了。

中華民國政府曾於一九八二年設立南海小組，制定「南海政策綱領，揭示五大目標：一、堅定維護南海主權；二、加強南海開發管理；三、積極促進南海合作；四、和平處理南海爭端；五維護南海生態環境。加強在南沙群島的開發工作。

中華民國對南海問題的立場：㈠南海問題宜由相關國家和平協商解決，其他南海以外國家不宜介入；㈡中華民國在南海地區駐軍為主權行為，所駐武力多寡係基於防務所需。

中華民國總統陳水扁於二〇〇八年二月二日飛往南海太平島，主持戰備啟用儀式，並提出四點主張：第一、台灣接受「南海各方面行為宣言」，堅持以和平方式解決領土與管轄的爭議。第二、南海的開發應首重環境生態的保育，台灣籲請相關各國應優先考慮對南海劃設成海洋生態保育區。第三、定期開發並邀國際生態學者及環保團體至東沙環礁、太平島及中洲礁進行研究與考察。第四、鼓勵民間成立「南海研究中心」，定期舉辦國際研討會，經由二軌的接觸管道，積極和緩南海不穩定的情勢。

菲律賓軍方曾提議由有關國家達成協議，模仿北大西洋公約組織，在南沙地區成立一支多國安全部隊。中華民國認為：南沙周邊國家應共謀經濟發展改善民生，不宜勉強成立多國部隊，可能造成區域內對抗局面。如果有關國家均表贊成，則我國建議此多國部隊的任務著重在：防止海盜、走私及販毒等國際性犯罪，並從事海上救助工作，但組設多國部隊不能影響我國對南沙的固有主權。

第三項：越南立場

越南聲稱是它先發現西、南沙群島，繼又宣稱它是繼承法國先佔南沙九小島而擁有南沙島嶼主權。一九七七年，越南復宣佈建立二百海里專屬經濟區，其範圍擴及南沙群島。因此越南主張南沙群島全部屬其所有，惟基於地區和平穩定，主張通過談判，合作開發南海石油資源，並要求中國不應採取任何使局勢緊張的行動。

第四項：菲律賓立場

菲律賓於一九七一年公開聲稱克拉延群島（自由地）為其所有，繼於一九八七年，菲律賓總統頒佈命令，將克拉延群島劃為其領土，但未劃清明確界線。嗣後菲律賓建立其二百里經濟專屬區，伸入到南沙群島範圍之內。

菲律賓對南海主權爭議的基本立場，認為這不僅涉及兩國之間爭議，而是牽涉到多國的利益關係，因而主張由聯合國出面召開一次國際會議，解決南沙群島爭端。對於有爭議的南沙島嶼，主張交由鄰近國家暫管。對其他聲稱有主權的國家，可以許其船隻在此爭議的島嶼停泊、避風、保護其漁民或作其他和平用途。菲律賓建議爭議各國可聯合開發有關島嶼的資源，各國民間企業亦可以在爭議島嶼合作發展觀光及漁業。菲律賓建議有關國家在南沙群島減少武力，以達到南海非軍事化，將該區域劃為海洋保護區及禁止核武區，共同設立一個合作機構，以管理其資源開發。並主張南海主權爭議問題宜及早解決，不應無限期擱置。

第五項：馬來西亞立場

一九七九年十二月二十一日，馬來西亞出版了一張新的領海和大陸架疆域地圖，把位於其大陸架上的南海東南部的十二個島礁劃入其領土範圍。因而馬來西亞不贊同中國建議的共同開發南海資源，恐將其在南海的產油區包括進去。它不不願承認汶萊在其大陸架上聲稱擁有部分主權。馬來西亞懷疑印尼舉辦的南海問題研討會，意在利用東協國家對抗中國。它也不願印尼為解決南海問題而居於領導地位。所以它不贊成印尼南海問題研討會成為官方性質，可由民間研商漸進解決辦法。

馬來西亞總理馬哈迪（Mahathir Mohamad）說：中國對南海政策是善意的，它的行為將受到國際文明社會的約束，終將同意和平解決南海主權爭議。馬來西亞不希望與中國公開討論南沙問題，也不發表沒有必要的聲明，以免引起與中國的誤會。中國曾與馬來西亞舉行友好會談，中國保證不會對馬來西亞使用武力。由於南沙群島領土主權爭議潛在衝突性極高，馬國希望要運用外交技巧解決主權爭議問題。

第六項：汶萊立場

汶萊認為東南亞國家可能因爭奪南海島礁而發生衝突，而汶萊的安全係建立在雙邊防務關係上，因而汶萊與美國簽署防務協定備忘錄，以維護其安全。

第七項：印尼立場

印尼政府對於南海主權爭議期望維持中立，不要捲入，願意扮演一個調停角色，敦促爭議各國用和平協商解決彼此間的主權問題，並歡迎美、英、法、日、蘇能以協助解決此一難題，以維持東南亞地區的和平與穩定。

印尼認為南海領土主權爭執的國家為了便於和平解決問題，需要建立互利合作機制，但這種合作機制，不影響各國的主權主張。

第八項：日本立場

日本是位於東亞的經濟大國，視馬六甲海峽及南海航線為其經濟及戰略的生命線，其所需要的百分之八十石油，均須由中東經過南海航線運往日本，而日本與東南亞、中東、非洲及歐洲貿易亦須經由此航線，日本為維護其船隻航行安全，主張南海地區應維持和平穩定，及國際航道的航行自由與安全。

第九項：美國立場

美國對於南海主權紛爭寧願置身事外，不願捲入其中。但美國對南海航道具有戰略利益，其官方立場如下：

1.美國強調南海地區的和平、安定與繁榮的重要，勸導爭議國家和平解決爭端。

2.美國強烈反對任何國家使用武力及威脅來維護其在南海的領土主張，它認為使用武力及威脅乃係違反《聯合國憲章》的嚴重事件。

3.美國對於主權爭執各方所持的法律立場無有意見，它願應爭執各方的請求來協助和平解決爭端。

4.美國對南海地區海上交通俱有戰略利益，反對任何國家違反《聯合國海洋法公約》，使用武力擴張其對海域的主權要求。

因而美國主張和平開發南海資源，將對此地區所有國家有利。認為冷戰之後，給此地區提供一個最佳機會，共同合作維護地區安全環境，美國極力主張多邊協商，解決各國對南沙群島的主權爭端，反對任何國家片面以武力實現其主權要求。美國還告知其石油公司，在爭議國間未達成協議前，不畏冒險參與任何一方的片面開發工作。美國總總克林頓曾於一九九三年十一月宣稱：美國反對以武力解決南沙群島的主權爭端。一九九五年初，中菲爭奪美濟礁事件發生後，美國即公開警告說：美國將維護南海國際航線的安全。中國回應說：中國對南沙群島的主權要求，將不會影響美國在此海域的航行自由。

美國雖然一再宣稱：一個穩定的中國對亞太地區的和平、安定與經濟發展極為重要，但仍怕它在南沙群島採取武力行動。東南亞有些國家遂要求美國調停此一爭端，以免受中國脅迫，並認為美國軍艦飛機巡弋南海，將有助南沙群島紛爭的和緩。期盼美國在此地區扮演一個擔保人的角色，促使中國信守承認，增進軍事行動透明化。一九九五年四月十七日，美濟礁事件發生之後，美國國務卿克里斯多福（Warren Christopher）即曾提醒中國說：菲律賓倘遭受攻擊，美國負有防禦條約義務。中國倘在南海展現海軍武力，就整盤戰略計劃而言，勢將引起美國的對抗。

美國可以採取下列步驟，鼓勵有關國家解決南海爭端：

(1)美國反對使用武力解決南海爭端；
(2)美國極為嚴重關切南海航行自由與安全受到任何干擾；
(3)美國在南海紛爭中保持中立，但反對任何國家違反國際法去擴張其領土要求；
(4)美國支持印尼所倡導的南沙問題研討會，敦促參加國利用此一論壇，達成多方協商，共同解決南海爭端。
(5)美國仍將信守與菲律賓之間的雙邊防衛協定中載明的一切義務。

第十項：加拿大立場

加拿大認為學者見解，每每能影響政府決策，加國對海洋法深具造詣的教授很多，曾研擬「處理南海海上衝突」說帖，主張和平解決南海爭端，並鼓勵沿海國家發展合作的南海政策。為此，加拿大國際發展署分別提供四次資金，在印尼舉行南海問題研討會，邀請有關國家學者專家參加，提出解決南海爭端建言，供相關國家參考採納。

第十二章　印尼主辦南海問題研討會

第一節　研討會中所獲得的共識

為解決南海主權爭端，防止潛在武力衝突，促進相互信任，共同開發資源，以維持南海和平穩定，政治協商是最實際可行的途徑。在印尼駐德大使賈拉博士（Dr. Hasjim Djalal）倡導下，由加拿大國際發展署（Canadian International Development Agency）和海洋研究所共同出資，印尼外交部研究和發展司於一九九〇年一月二十二日至二十五日在巴厘島召開「處理南中國海潛在衝突」研討會（簡稱南海問題研討會），首次會議僅邀請越南、菲律賓、馬來西亞、汶萊、泰國和新加坡六個東協國家官員、學者和專家均以個人身份參加，會議由印尼外交部長阿拉塔斯主持。因為會議不具官方性質，與會人士可以暢所欲言，研討的南海問題甚為廣泛，所獲得的結論，僅供有關國家參考，並無拘束力，因而與會人士紛紛發言，提出各自意見。首次會議在協調南海問題的共同基調，有人主張設立「南沙開發署」的跨國組織，致力處理南海共同開發問題，企圖將南海問題國際化。

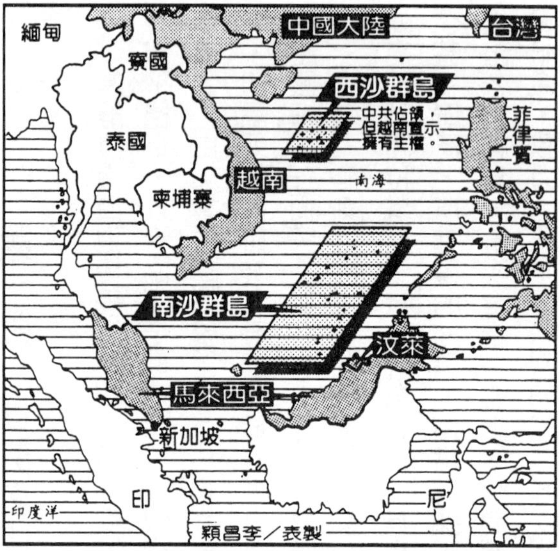

南海諸島主權爭端示意圖

一九九一年七月十五日至十八日，第二次「處理南中國海潛在衝突」非正式研討會在印尼萬隆召開，以個人身份出席會議的政府官員、專家和學者除來自東協六國之外，還有中國、台灣、越南、柬埔寨的代表，會議制定了作為合作基礎的六項原則，成為「萬隆原則」。

各國專家學者在萬隆會議中研究出的六項原則，一致同意向有關國家建議：

1.在不損害領土與管轄權主張的前提下，探索在南海合作的領域，謀求共同利益；

2.這些合作的領域，可包括在南海促進航行與交通安全、協作搜查與救援、打擊海盜與武裝搶劫，促進生物資源的合理利用、保護海洋環境、進行海洋科學研究和消滅非法毒品買賣等方面的合作。

3.在領土爭議的地區，有關國家可以考慮從事相互合作的可能性，包括交換信息和共同開發。

4.南海地區任何領土與管轄權爭議都將通過對話和談判，以和平方式解決。

5.各國不使用武力解決彼此間領土與管轄權爭議。

6.敦促介入這種爭端的各方實行自我克制，以免使形勢複雜化。

各國與會人士都認為，此項研討會對南海地區有關國家之間的對話與磋商非常有用和具有建設性，望能繼續召開。

中國外交部隨即對在印尼萬隆召開的第二次南中國海問題研討會所獲致的結論發表談話說：這次會議增進了有關各方的相互了解，有利於促進和平解決南海爭端和開展互利合作，具有積極意義。中國與會專家曾在會中闡明了中國對南沙和西沙群島及其周圍海域擁有無可爭辯的主權，同時表明了願與有關國家和平解決海域爭議和探討共同開發問題。

一九九二年六月二十九日至七月二日，在印尼日惹召開第三次「處理南中國海潛在衝突」非正式研討會，會中重申了「萬隆原則」，並研討五個議題：㈠資源管理，㈡領土及管轄權問題，㈢建立合作機制，㈣環境生態與科學研究，㈤船舶航運與交通。與會國家代表不贊成境外國家參與諮商，也不贊成設立秘書處，對於南沙爭議區域的界線及範圍無法確定。最後協議設立資源評估及科學研究兩個技術工作小組。

一九九三年召開的第四次南海問題研討會，與會代表為增進在南海的多邊合作，協議設立㈠海洋科學研究、㈡環境保護、㈢資源評估及開發方法、㈣法律問題、㈤航海安全等技術工作小組。而且決定各工作小組可分別在各國舉行。惟對於停止在南沙駐軍及駐軍透明化卻無法達成協議。對於共同開發南海問題，各國代表所表達的意見亦有不同。馬來西亞不同意在其爭議區內進行多邊共同開發，越南雖贊同在南海問題進行多邊協商及共同開發，但堅決反對共同開發其沿海大陸架；菲律賓支持多邊共同開發全部南海區域，中國與台灣亦贊成共同開發整個南海區域，包括沿海國家的大陸架，但不積極進行。

一九九三年五月三十一日至六月二日，在菲律賓首都馬尼拉召開「南中國海海洋科學研究工作小組」首次會議，有關國家和地區四十五名科學家參加，會中各國就聯合考察南中國海漁業資源及海洋海流、氣象等項問題研究達成一致意見。各國同意合作監測全球氣候變化對南海潮流及海平線的影響，及科學家研討資訊交換及網路安排程式。在南海法律問題工作小組會商中，各國代表同意制定南海環保法和規則，並設法防止海盜、搶劫及載運核廢科等危險事件發生。

一九九四年十月二十六日至二十八日，在印尼蘇門答臘省武吉丁宜市舉行第五次「處理南中國海潛在衝突」非正式研討會，各國代表討論建立互信措施，包括停止擴大現有駐軍問題，會中達成一項協議，在南海研究物種多樣化計劃。

一九九五年十月十日在婆羅洲巴里把板港舉行南海問題第六次研討會中，對於南海航行安全協議採取下列合作措施：

(1)新加坡負責研擬海洋安全人員訓練計劃合作辦法；

(2)馬來西亞負責草擬防緝南海海盜及販毒合作措施；

(3)中國負責研擬防止南海污染合作計劃；
(4)台灣負責研擬有關南海水文及地質測量資訊的交換計劃；
(5)各國有關海洋立法透明化，由司法官員交換訊息，以免引起疑慮而發生衝突。
各國代表在會中達成兩項多邊合作計劃：
(1)共同研究海平面及潮水觀測與資料庫情報交換；
(2)建立網路系統。
一九九六年十二月在印尼巴坦舉行第七次「處理南中國海潛在衝突」非正式研討會，會中討論各方在南海的技術合作和行為準則問題。
一九九九年十二月六日至九日在印尼西爪哇的茂物舉行第十次「處理南中國潛在衝突」非正式研討會，討論與南海有關的各種問題，促進亞洲地區各國之間合作的發展，以防止發生衝突。
二〇〇一年三月在印尼的萬丹舉行第十一次「處理南中國海潛在衝突」非正式研討會，會中加拿大與會代表宣布，加拿大國際開發總署決定停止贊助「南海會議」的召開。各國與會的專家學者經過這十一次會議的研討，提出許多寶貴的意見，就如何處理南中國海潛在衝突的問題，也獲得若干共識，開啟了東協國家繼續研討南海各方行為準則的途徑。❶

註釋：

❶ 李金泉著《南海爭端與國際海洋法》第二三四—二三九頁。

第二節　研討會中所提出的解決辦法

印尼南海問題研討會中提出各種解決方法：例如由東協會員國中與南沙無主權爭議的國家高級官員組成一個工作小組，成為協調管道，研商解決南沙主權爭議問題。倘獲爭議國同意，可成立一個仲裁小組，研商解決主權爭議。如果爭議國同意擱置主權爭議而平等協商解決辦法，可設立一個共同開發局，來共同開發爭議區域的資源。或由爭議國中先由兩國商談解決辦法，然後再與第三國商談解決爭議重疊地區，關鍵在於爭議國有無意願解決主權爭議。

印尼南海問題研討會建議由新加坡、泰國及印尼三個非爭議國選派高級權威人士組成一個協調小組（Eminent Persons Group）來協調各國執行研討小組的各項建議，中國深恐此一小組的任務，可能引起中國與東南亞國協的正面對抗而表示反對。

印尼南海問題研討會建議將南海主權爭議交由國際法院，但交由國際法院裁決的法案，須經有關國家同意，始能成案，中國祇同意由雙方協商解決爭議。

上海國際研究所教授姬國興（Ji Guosing 譯音）教授建議設立臨時仲裁人（ad hoc tribunal），仲裁中越與中菲間的重大爭議，此一辦法既未將協商制度化，也未將問題國際化，而且仲裁常可解決國際爭端。

解決南沙群島主權爭議，傳統上小國不願與大國協商，恐在外交上受到壓力，造成不利的先例。中國也不願與東協集體協商，恐得罪東協所有國家，陷中國外交於不利處境，到一九九五年美濟礁事件發生後，東協外長區域論壇在婆羅乃開會，提議雙邊基於和平解決原則，先由越南與菲律賓分別與中國舉行雙方協商解決各自爭議的島嶼主權。現中國與越南及中國與菲律賓協商成功，簽訂了共同開發協議，則南沙群島大部份的爭議地區獲得解決，進而多方協商主權爭議重疊地區，將可有助於整個地區主權爭議之解決。

第十三章　南海各方行爲準則

鄰近各國對於南海諸島的主權爭議，潛在著嚴重的衝突危機，普遍受到國際上的關注。有關國家和學者專家，為了擴大自身的海洋權益和避免南海島嶼之爭演變成武裝衝突，紛紛提出解決爭端的方案。

一九八九年，夏威夷東西方研究中心研究員瓦倫西亞（Mark J. Valencia）提出把「南極公約作為南沙公約模式」，在此公約下，所有爭議國都將是成員，而將領土爭議凍結，成立一個南沙權威機構來消除衝突，促進資源的勘探與開發，並開創漁業和其他潛在資源的共同管理。❶

一九九五年四月七日，菲律賓外長貝內西亞在參議院防務與外交委員會中，提出以「北海方式」劃分南中國海，認為這項方式最終可能解決對南沙群島的主權爭議。他建議在南沙群島劃一條中線，其東南地區應該屬於菲律賓，其西南地區應該屬於馬來西亞，以北地區由其他各方劃分。❶

一九九九年十一月二十二日，菲律賓國防部長莫卡多（Mercado）提出一篇論文，主張依照南極公約的規定，把該地區「非軍事化」，並禁止任何軍事行動，且保證任何國家在該地區可以「自由出入」。依照南極公約模式，將南中國海的群島，宣布為「國際海洋保留區」。各爭議國進行多邊探討談判，可在該地區實施「聯合管理」。

二〇〇〇年三月十六日，菲律賓總統埃斯特拉達在香港《亞洲周刊》發表文章說，南沙群島應轉變為一個「海洋公園」，爭議各國可以同意在南沙群島設置旅遊設施，同時保證南沙群島海洋環境的維護，並可發展其他資源。❷

這些主張「南極公約模式」的目的，不外乎否定中國對南沙群島及其周圍海域所擁有的「傳統權利」，把南沙群島視同於南極無主地，忽視了南海諸島自古以來即是中國人民漁撈憩息之所。

註釋：

❶ 李金泉著《南海爭端與國際法》第一八一頁。

❷ 同上書第二一二頁及一八〇頁。

第一節　東協南海宣言

東協六國，包括菲律賓、汶萊、印尼、馬來西亞、新加坡、泰國外長於一九九二年七月二十二日在馬尼拉簽署「東協南海宣言」：

1.強調必須以和平方式，而不是訴諸武力解決與南海有關的所有主權和管轄權問題；

2.呼籲有關各方實行克制，為一切爭端的最終解決創造一種積極的氣氛；

3.決定在不損害該地區有直接利益國家的主權和管轄權的前提下，探索在南海有關海上航行與交通安全、保護海洋環境不受污染、搜查與救援行動的協調、努力打擊海盜和武裝搶劫、以及在查緝非法毒品買賣等方面合作的可能性。

4.建議有關各方以「東南亞友好合作條約」中的原則為基礎，建立一個南海國際行為準則。

東協南海宣言在前言中，特別強調「南海任何敵對的發展將直接影響到該地區的和平與穩定」，處理南海問題必須包括直接相關各方的主權和管轄權，因此有關各方應互相尊重其主權和管轄權，始能進一步擴大經濟合作。❶

一九九三年七月二十六日，菲律賓外長羅慕洛在東協外長會議上發表聲明說：「我們認為，沒有人想要因為南中國海問題打仗，然而，我們希望要減少錯誤估計形勢的機會，確保任何破壞形勢的企圖不會得逞。」❷

一九九五年初，東協在曼谷舉行的國家高峰會中，宣布東南亞為無核區。❸

註　釋：

❶ 李金泉著《南海浪濤》第二一〇—二一一頁。
❷ 同上書第二四一頁。
❸ 同上書第二四四頁。

第二節　擱置爭議共同開發

中國領導人李鵬於一九九〇年八月在新加坡，楊尚崑於一九九一年六月在印尼相繼公開表示：願意與東南亞國家共同開發南沙群島天然資源。中國外長錢其琛於一九九二年七月二十一日在馬尼拉第二十五屆東協外長會議中，提出「擱置爭議共同開發」的主張，作為處理南海問題的原則。他說：「在南沙問題上，同我們存在爭議的國家都是中國的友好鄰邦，我們重視同這些國家的友好合作關係，不願看到因為存在分歧而發生衝突，影響國家間友好關係的發展和本地區的和平與穩定。我們提出『擱置爭議，共同開發』的主張，願意在條件成熟的時候，同有關國家談判尋求解決的途徑，條件不成熟可以暫時擱置，不影響兩國關係。」

一九九三年四月十九日，中國國家主席江澤民率領國防部長遲浩田暨海南省省長阮崇武等軍政領袖，前往西沙群島永興島視察，宣示中國對南海諸島的主權。

中華民國總統李登輝及內政部部長吳伯雄均相繼在其任內公開表示：贊成共同開發南

海資源。一九九三年六月，中華民國行政院成立「南海小組」，負責處理南沙群島海域問題。「南海小組」制定了「南海政策綱領」，主張積極促進南海有關國家合作，加強南海資源開發管理。

一九九五年七月三日，在汶萊舉行的東協外長會議上，中國外交部長錢其琛發表聲明說：「南沙群島並不是無主的島嶼，中國歷來對南沙群島及其附近海域擁有無可爭辯的主權。第二次世界大戰結束時，日本將其佔領的南沙群島交還給當時的中國政府。直至七十年代以前，並無爭議。中國願同有關國家根據公認的國際法和現代海洋法，包括《聯合國海洋法公約》所確立的基本原則和法律制度，通過和平談判妥善解決有關爭議。爭議各方都應遵守國際法有關國與國關係的準則和有關和平解決國際爭端的原則，不使問題複雜化、擴大化。」

一九九七年十二月，中國與東協會員國在非正式首腦會議上，發表一項聯合聲明說：在處理南海諸島主權問題上，各方保證「以和平方式解決爭議，而不訴諸威脅或使用武力。」❶

共同開發的意義是指爭議當事國在不談主權的前提下，以協議方式共同探測和開採主權爭議地區之礦產資源。此項制度是否可在南海爭議海域採行，將受許多因素影響：其中包括當事國間是否具有友好合作關係，它們對石油需要程度是否超過政治考慮，爭議海域中的島嶼現狀如何，各當事國所持之領土主張有無健全的國際法基礎，它們對爭議地區礦產蘊藏的情形了解多少，以及它們對爭議地區以外的關心程度如何？

在資源需要方面，不僅相關各國的需要程度頗為懸殊，而且這種需要程度是否足以勝過當地主權爭議之激烈現狀；以及爭議中的島嶼及其附近海域底土之礦藏實況如何，均有待進一步評估。

近年來涉及南海群島領土主權爭議的各當事國一方面紛紛搶佔南沙島礁，及競相在其所佔的島礁上建有飛機場及屯駐軍隊，和在附近海域進行地質與資源的探測及開發；另一方面，則呼籲和平解決領土爭端，倡議國際合作和共同開發。至於如何擱置主權的方式的問題，撤軍問題，共同開發機構如何組織問題，共同開發之範圍、方式和層次問題，以及開發投資和收益之分配問題，都有待爭議的當事國進一步談判解決。❷

惟爭議各國應可先就爭議性較少而又為共同利益所繫之技術功能性領域，在南海進行區域合作，其項目可以包括南海之航行安全，海洋污染，天然災害，海難救助，海洋科學研究等，經由這些層面的廣泛合作，彼此先建立互信，為「共同開發」礦產資源創造有利條件。

註　釋：

❶ 李金泉著《南海波濤》第二五〇頁。

❷ 俞寬賜撰〈南海領土紛爭及其化解途徑之析論〉一文第一七—二二頁。

第三節　南海各方行為宣言

一九九六年東協外長會議中，初次提出南海地區行為準則構思，一九九九年七月二十三日至二十四日在新加坡召開的第三十二屆東協部長會議中，與會各國部長咸認為該構思將為地區的長期穩定和促進各國對南海島嶼提出主權主張的相互理解奠定基礎。二〇〇〇年三月十五日，中國與東協會員國在泰國華欣舉行一次非正式會議，繼續研討通過一個南海行為準則的可能性。同年八月二十四日至二十五日，中國與東協「行為準則」工作小組在中國大連作第二次研商「行為準則的草案」，各方立場和主張逐漸接近。到了二〇〇一年七月，在越南河內召開東協外長會議發表聯合公報，歡迎中國與東協磋商建立南海各方行為準則，以緩和南海地區的緊張局勢，並「鼓勵爭議各方繼續採取自我克制與在此地區建立互相信任的措施」。

二〇〇二年十一月四日，中國總理朱鎔基偕同外交部副部長王毅出席在柬埔寨首都金邊舉行的東協與中國領導人會議，在會議中東協十國外長與中國外交部副部長共同簽署《南海各方行為宣言》。聲明他們「認識到東協與中國之間需要在南海創造一個和平、友好、和睦的環境，以增進該地區的和平、穩定、經濟發展和繁榮。」並「要求為有關國家爭端和分歧的持久和平解決增進有利條件。」特此宣告如下：

一、各方重申他們奉行聯合國憲章的目的與原則，一九八二年《聯合國海洋法公約》、東南亞友好合作條約、和平共處五項原則，和其他公認的作為指導國與國關係基本準則的國際法。

二、責成各方按照上述原則和在平等與相互的基礎上尋求建立相互信任的途徑。

三、各方重申遵守和奉行南海航行與飛行自由，與公認的國際法原則，包括一九八二年《聯合國海洋法公約》，保持一致。

四、有關各方同意以和平方式，而不訴諸威脅或使用武力，由直接相關的主權國家根據公認的國際法原則，包括一九八二年《聯合國海洋法公約》，通過友好磋商和談判，解決他們的領土與管轄權爭端。

五、各方同意在使爭端複雜化或逐漸升級和影響和平與穩定的活動處理中實行自我克制，其中包括抑制在目前無人居住的島、礁、灘、洲及其他地域的居住行動，以建設性的作為處理他們的分歧。在和平解決領土與管轄權爭端之前，有關各方同意在合作和理解的精神下，努力尋找在他們之間建立信任途徑，包括：

1.在他們的國防與軍事官員間舉行對話和適當的交換意見；

2.保證公正與人道地對待所有遇險或遭難的人；

3.在自願的基礎上，舉行聯合軍事演習前通知有關的其他各方；

4.在自願的基礎上，交換有關的信息；

5.在爭端全面與持久解決之前，有關各方可以尋求或進行合作活動。這些活動可以包括以下方面：

(1)海洋環境保護；

(2)海洋科學研究；

(3)海上航行與交通安全；

(4)搜查與救援合作；

(5)打擊跨國犯罪，包括海盜和海上武裝搶劫，武裝非法運輸，但不包括限制非法毒品買賣；

(6)關於雙邊和多邊合作的形式、規模和地點，有關各方在實際執行之前必須取得一致意見；

(7)為了發展睦鄰關係與增加透明度，建立融洽相互理解與合作關係，促進爭端的和平解決，有關各方應透過他們一致的形式，繼續就他們的相關的問題進行磋商與對話，包括履行宣言的定期磋商；

(8)各方同意遵守本宣言的規定，並做到行動一致；

(9)各方鼓勵其他國家遵守本宣言中的原則；

(10)有關各方重申，南海行為準則的正式通過將進一步促進該地區的和平與穩定，並在

意見一致的基礎上共同努力以達到最終目的。❶

惟「南海各方行為宣言」，在法律上並無拘束力，祇是政治上一項宣言，期盼對南海諸島主權有爭議的國家，能以擱置其爭議，不再進佔島嶼，不得在有爭議地區修建任何新建築物，以和緩南海情勢，增加爭議國間的和平相處，進行區域間經濟合作。

註釋：

❶ 李金泉著《南海浪濤》第二一三頁—二一五頁。

第十四章　南海諸島主權爭議解決途徑

近年南海各相關國家及國際社會，紛紛舉行各種官方及民間研討會議，提出各項建議，企圖化解南海領土主權及管轄權的爭議，茲評述於後：

第一節　經由軍事途徑

當前南海爭議各國尚無任何一國軍力佔據南沙全部島嶼，控制南海地區的整個海空領域，而且現行國際法規範及國際形勢，均不容許任何相關國家發動戰爭，以謀解決南海領土紛爭。一九七四年中國與南越、及一九八八年中國與越南雖有短暫交火，但雙方均不願為此人類難以居住的荒島，發生全面武裝衝突，影響其本國的經濟發展。

第二節　經由聯合國途徑

由於南海領土爭議當事國之一的中國在安全理事會享有否決權，任何企圖經由聯合國謀求化解南海諸島主權爭議之提議，均不可能導致具有建設性結果。中國與南越於一九七四年在西沙群島發生軍事衝突時，西貢政府曾以中國侵犯越南「領土、主權」為由，要求安全理事會緊急開會討論，安理會主席在拒絕其要求時覆稱：由於中國為常任理事國，享有否決權，因此安理會不可能作何建設性的辯論或行動，也因此，南越的「請求僅能當作喚起安理會注意」而已。

第三節　經由國際法院或仲裁法庭途徑

任何國際法院或仲裁法庭對訟案之管轄權，皆以全體涉案當事國之明示同意和協議為基礎，而南海周邊國家多不願將涉及其領土主權的爭端交由國際法院或仲裁法庭依法裁斷。一九九三年，菲律賓雖宣佈接受國際法院強制管轄權，但它在宣言中不僅明白規定：「這種強制管轄只對接受同樣義務的國家之間的爭端有效，而且規定凡涉及菲律賓領土、領海及大陸礁層天然資源的任何國際爭端，皆不適用國際法院的強制管轄權」。涉及南沙群島領土主權爭議各國，有的堅信自己對南沙群島享有主權的國家，認為沒有必要交由國際法院或仲裁法廷裁決；而對自己在南海的領土主張沒有「充足」法律依據的國家，更不敢將爭端交由國際裁判機構依法論斷。

第四節　經由「東協」途徑

東南亞國家協會於一九七六年簽訂「東南亞友好合作條約」，規定以「東協」部長理事會可為會員國間解決爭端。但南沙群島領土爭議，不僅涉及東協會員國菲律賓、越南、馬來西亞及汶萊間領土主張彼此重疊，而且涉及非會員國的我國與中華人民共和國與越南、菲律賓、馬來西亞、汶萊之間領土爭議。換言之，今日南海的領土爭議既是東協會員國之間的爭議，也是東協會員國與非東協會員國之間的爭議，絕非東協部長理事會所能和平解決，除非有朝一日，東協願意擴大組織，允許我國與中華人民共和國均成為東協的協商會員國，也許有可能交由東協部長理事會調解，但在目前國際情勢下，這種可能性不大。❶

東協國家期望東南亞最終成為一個和平、自由、中立及經濟繁榮地區，不願看到由於南海主權爭議影響其進程。一九九五年，東協外長在汶萊會商，發表一項共同聲明，促請南海主權爭議國家不要採取任何行動，危害區域穩定，影響南海的自由航行，望能阻止各相關國家今後在南海的侵佔行動，進而達成解決辦法。

二〇〇七年十一月二十日，東協十個成員國在新加坡簽署「東協憲章」，明確規定東南亞國協的戰略目標、原則、地位以及構架等，致力維護本地區和平、安全與穩定，以及經濟一體化建設，堅持以和平手段解決地區內爭端。這是東協成立四十年來首次簽署對成員國具普遍法律約束力文件，提供法律基本架構，使東協更具影響力。

東協十國並簽署「東協經濟共同體藍圖宣言」，以消除地區內貿易障礙，向二〇一五年形成地區內貨品、服務、投資、技術、人才自由流通的共同市場邁進。還簽署了「東協環境可持續性宣言」及「東協關於氣候變化宣言」等文件。

同時東協十國與中國、日本、韓國三國領袖在新加坡舉行高峰會，同意繼續推動建立「東亞共同體」，除了東協十國加「中、日、韓」三國之外，也可讓澳洲、紐西蘭和印度參加。在此區域經濟一體化的大好環境下，將可促使南海各爭議國，化解主權爭執，邁向東亞共同體的理想目標。

註釋：

❶ 俞寬賜撰〈南海領土紛爭及其化解途徑之析論〉專文。

第五節　採行歐盟模式

南海爭議各國均願「擱置主權爭議，共同開發資源」。現今全球共同開發資源已有許多先例，我認為「德法煤鋼共營」是一個最佳的範例，值得在南海採行。

第二次世界大戰之後，歐洲各國經濟凋敝，民不聊生。法國外長舒曼（Robert Schuman）為解決德法世仇敵對及改善國計民生，商請孟納（Jean Monnet）研擬「法德煤鋼共營計劃」，由法德兩國共同控制煤鋼產銷，為和平而非軍事使用，這樣既解決德國鋼產的銷售，也解決了法國所需的焦煤問題。

一九五〇年五月九日，法國外長舒曼宣佈此一計劃，世人稱為「舒曼計劃」。他說：「法國政府建議法德兩國的煤鋼生產置於共同管理之下，其他歐洲國家也將被邀參加此一共同企業的運作。」在舒曼宣佈其計劃並獲同西德立即同意之後數日，歐洲其他生產煤鋼的國家都要求參加。在一九五一年法德煤鋼共營後一年，法、德、意、荷、比、盧六國共組「歐洲煤鋼共同體」（European Coal and Steel Community）宣告成立。其最高管理機構「理事會」（High Commission）由孟納主持，理事則由六國指派。

歐洲煤鋼共同體自一九五一年成立後，績效卓著。經過五十多年不斷改進，在不影響各成員國主權及政府體制的前提下，由各成員國互助合作，結集人才資金技術，共謀經濟發展，逐漸形成具有二十七國的歐洲聯盟（EU）。

歐洲煤鋼共營是一個成功範例，值得南海主權爭議國家採行。共同開發南海資源，亦可倣照歐盟模式，建立南海集體安全體制，維護南海和平穩定，將有助於東南亞地區的繁榮與安定。[1]

註釋：

❶ 雷飛龍撰〈歐洲共同體〉刊於《慶祝朱建民教授百歲誕辰學術論文集》第一八一—二三八頁，台灣商務印書館。

第六節　經由協商或談判途徑

歷來國際間爭端多經由協商或談判解決，因為協商或談判是本諸當事國自己的意願，進行過程也可自行主導，因此南海爭議國家均願以談判等和平方式解決南海領土及管轄權爭議問題。在南沙群島領土主權爭議中，各國如果堅持自己的領土主張，則無論雙邊或多邊談判皆不易獲致協議。如果爭議各國均有解決誠意（Political Will），則由各爭議國相互協商或談判，則不難解決彼此所聲稱的屬其主權的島礁問題。在南沙群島的西邊與南邊大部為中國、台灣與越南以及中國、台灣與菲律賓所爭議的地區，它們相互談判或協商所達成的合作辦法，可為解決南沙島礁主權爭議的先例，但不能傷害到第三國的權益。現今中國與菲律賓協商，曾獲致八項行為規範，越南與菲律賓協商也曾獲致九項行為規範，內容大致相同，尚未引起第三國異議。❶

二〇〇四年，菲律賓與越南和中國簽署協議，聯合進行南沙群島地震調查，勘察該地區可能蘊藏的石油，以供共同開採，這是南沙群島爭議國間趨向和解的一項途徑。

註釋：

❶ Hasjim Djalal: South China Sea Island Disputes.

第七節　共同開發

共同開發是指爭議國在不影響其領土主權的前提下，協商出一項均願接受的方式，來共同開發主權爭議地區之礦產資源。中國與東協國家現已達成共識，均願擱置南海主權爭議，共同開發石油及天然氣資源，中華民國政府也曾表示贊成共同開發，但爭議當事國間必須明定共同開發適用的範圍，宣示互不否認、放棄或影響各自對爭議地區的主權，明確規定共同開發地區之法律管轄權限。至於共同開發機構之組織及開發投資和收益之分配等問題，有待有關國家協商解決，因而各國學者專家提出各種建議。

㈠解決南海主權爭議最理想方法，是將整個南海區域及其島嶼平均劃分給爭議各國，就是從爭議國的領海基線起，將整個南海區域平均劃分給各爭議國，可是各爭議國分別在西沙及南沙群島各自佔有的島礁，均不願放棄，勢難獲得滿意解決。

㈡南極鄰近國家，採行「扇形原則」（Sector Principle），將鄰近其領土的南極「扇形地帶」劃歸其主權管轄範圍，其中英國、智利、阿根廷等國片面據取的區域相互重疊，而遠距南極的國家則主張南極自由化，使得南極成為複雜的主權爭議地區。一九五九年南極條約為了和平使用南極、和保障當地科學研究自由等目的而將南極劃為非軍事化及非核化區域，明確規定該約之內容既不得被解釋為廢棄各國對南極領土的「扇形主張」，也不得被視為支持「扇形主張」；同時規定凡依本條約在南極所採之任何活動，既不得充作訴求或否認任何國家對南極領土主權要求之基礎，亦不得在南極創設任何的領土主權或擴大現有領土主張。一九八八年南極公約為共同探測和開發南極礦產資源而創設之國際組織，是以相關各國擱置領土主權爭議為前提。

美國學者瓦倫西亞（Wark J. Valencia）主張參考南極模式解決南沙群島的領土爭議，並於一九九二年在印尼召開的第三屆南海問題研討會中提出「南沙條約」草案。惟南沙係一半閉海，整個海域已被周邊國家所分據，而且海中的南沙和西沙群島已被各國軍事佔領，倡議中的「南海條約」，恐無法順利簽訂。❶

㈢在泰國曼谷舉行的第一屆南海法律事務技術工作小組會議中，一致認為南海應該是一個自由通行的海域，有出席代表提議在南海主權爭議地區共有十二個，每個爭議地區設立一個共同開發公司（Joint-development Company），由爭議國共同出資開發，共享權利，收益提出百分之五作為經營費用。在共同開發公司之上設一南沙協調委員會（Spratly

Coordinating Agency）負責促進、協調安排在爭議地區的資源開發。由於中國和台灣聲稱南沙群島全部主權，它參加每一個共同開發公司。南沙協調委員會由中國擔任主席，其他成員由每一共同開發公司推派人員參加，投票權平等，由多數同意議決事項。如此爭議國之間可以平等協商，達成共同開發協議，而由共同組成之開發公司經營管理。

中日共同開發區示意圖

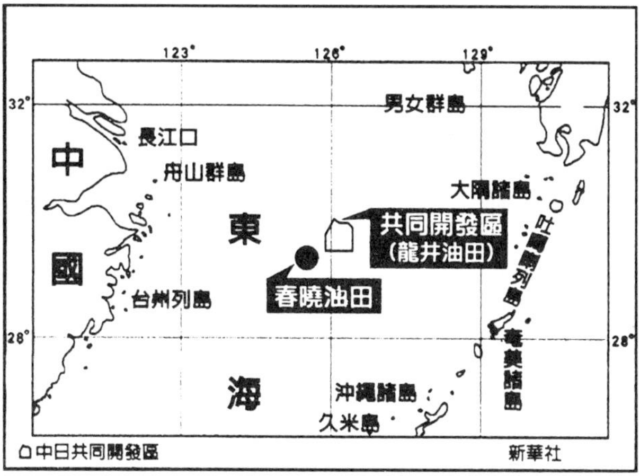

㈣有學者建議南海地區，應視為南海公社（Regional Commons），設立一個由爭議國參加的南海資源管理局（Regional Multilateral Resource Authority），南海成為海洋公園（Marine Park），由一個資源研究所，共同調查評估南海資源，合作執行海洋安全及偵搜工作，但不損及各國對於島嶼的主權主張，此項合作將有助於保護南海資源，並可增強爭議國之間的相互信任。如果此項措施進行良好，將可繼續進行其他多邊合作計劃，爭議各國均可共享其利。

㈤採取中日開發東海油田模式，據二〇〇八年六月十九日美國舊金山《世界日報》報導：中日雙方十八日宣佈：中日兩國政府就解決東海油氣田爭議問題達成原則共識：(1)兩國同意擱置專屬經濟區（EEZ）的劃界爭議，兩國在日方所稱的「日中中間線」兩側海域六個點形成的二千六百平方公里區域是共同開發區，在雙方同意的地點進行共同開發；(2)中方同意日本法人將向中方已單獨開發之「春曉油田」（日稱向樺油田）依照中國外人投資法規定出資參加開發，分享部分權益；(3)中日雙方按出資比例分配收益；(4)中日雙方還可共同開發「斷橋」（日稱「楠」）及「龍井」（日稱「翌檜」）等油氣田周邊海域；(5)中日雙方在設定具體的共同開發區域，向兩國的民間公司招標開採天然氣。

依照國際慣例，對於海域主權國在利益分配上處於有利地位。但此次中日擱置了存在對立的劃界爭議，協議按出資比例分配利益。中國承認日方公司依照中國法律取得在「中日中間線」中方一側的「春曉油田」部分權益，則今後中日兩國將共同開發中間線日方一側的海域。中日兩國已在東海找到了「擱置主權爭議，共同開發油氣田」的解決方案，則東南亞各國在南海的主權爭議，亦可援例解決。

註釋：

❶ Mark J. Valencia: China and the South China Sea Dispute, Adelphi Paper, Printed in Britain by Halstan and Co.

第八節　維持現狀

雖然各國都希望南沙主權爭議能以早日和平解決，但最大可能仍是維持現狀。會商南海問題將繼續進行，仍將是非正式的，談些無關主旨的技術性問題，例如海洋科學研究、環境保護及航行安全等，以和緩對主權爭議的衝突。中國祇願商談共同開發南海石油，而不願正式商談主權爭議問題，目的在延緩時間，發展其經濟及軍事實力。南海六個爭議國各佔據南沙零星的島礁，當其本國漁民及軍隊的船艦意外與他國船艦遭遇，難免會爆發意外的衝突。這樣維持現狀雖然有漏洞，短期間尚可相安無事，以減少緊張情勢及可能的衝突，等待相關國家政治及經濟的改善。

當南海周邊各國關係友好時，現狀尚可維持，倘若相關國家間關係惡化，南海情勢將會隨之出現緊張，萬一錯估情勢，相關國家即會受到國內民族主義的壓力，交相採取對抗措施，南海現狀將難以維持。

下述幾項因素將有助於南海問題的和平解決：

1.當前南海爭議各國均不願為南沙群島中的蕞爾島礁而兵戎相見。

2.中國與越南現均在努力發展經濟，吸引外國投資，以融入世界經濟。南海發生任何衝突，都將影響其外來投資，遭受國際貿易抵制。

3.東協國家均願與中國合作共同發展經濟，而不願見在南海與中國發生武力衝突。

4.只要中國與東協國家在貿易與投資方面持續維持良好關係，則南沙群島現狀不會被打破。

各國對南海島礁主權爭議地區的模糊及複雜性，使問題難以得到最終解決，但各國對此爭議所持的彈性立場，大有協商的空間。倘各國真有解決誠意（Political Will），則各方所提的建議，值得思考商榷。

第十五章 結 論

第一節 南海主權爭議國間的共識

現今在南海諸島中，中華民國擁有東沙群島及南沙群島中的太平島，中華人民共和國擁有西沙和中沙群島及南沙群島中九個島礁，越南佔有南沙群島中二十九個島礁，菲律賓在其鄰近的南沙群島中佔有七個島礁，馬來西亞宣稱在其沿海大陸架上佔有六個島礁，汶萊在其專屬經濟區佔有一個島礁。多年來，這些爭議國經過多次爭奪，交涉、對抗和協商，彼此間得到以下幾點共識。

1.爭議國都不願為這些人類不能生存的小島，發生武裝衝突。

2.為了南海潛在蘊藏的石油和天然氣，爭議國都不願放棄其所佔據島礁的主權。

3.為維護南海的國際航道暢通，爭議國都表示願意維持南海國際航道的安全與自由通航。

4.為解決南海主權爭議，爭議國都表示願意遵循國際法及《聯合國海洋法公約》的規定。

5.依照《聯合國海洋法公約》的規定，南海主權爭議國可將爭端交付仲裁或提交國際法院審判，但提交國際法院或仲裁審判，爭議國間不易獲得一致同意，縱使爭議國一致同意，而法律審判程序曠日費時，即使獲得判決，現行《聯合國海洋法公約》缺乏強制力，爭議國願否遵行，仍成問題。

6.中國提倡「擱置爭議，共同開發」的建議，已獲得東協國家一致支持，中華民國亦表贊同。

7.中越或中菲兩國可效法荷蘭與德國於一九六〇年簽訂條約，共同開發埃木斯（Ems）河口蘊藏的石油和天然氣，亦可倣照日本與韓國協議共同開發兩國重疊的大陸架上的資源。更可依照中國與日本協議共同開發東海油氣田的辦法，共同出資，按出資比例分配利益。

8.在當今全球化和區域經濟一體化的趨勢下，國與國間相互依存的關係日益密切，國家主權意識逐漸淡化，南海爭議各國為謀求互利合作，在不損及各自的主權主張之下，則共同開發南海資源，終有實現之日。

9.中國、菲律賓、越南三國已經同意正在聯合探勘南沙群島蘊藏的石油及天然氣，如有發現大量油氣田，具有開採價值，則可進一步研訂合作計劃，聯合開採，並允許相關國家出資參加，如此則可達成南海區域和平發展，並可促成東南亞區域經濟一體化，邁向東亞共同體的理想目標。

第二節　共同開發南海石油

現今南海相關國家都贊成「擱置主權爭議，共同開發資源」，為進一步實現此一目標。中國人大常委會委員長吳邦國在馬尼拉出席亞洲議會時提議，共同開發南沙群島石油計劃，可由中國與菲律賓率先開始，俟有成效，再邀請其他有關國家參加。中菲雙方在二○○三年八月三十一日會談中同意，由中國一家大型石油勘探公司派員到馬尼拉商談共同勘探事宜。

二○○三年十一月，中國國家海洋石油公司（ＣＮＯＯＣ）代表團在訪菲期間，與菲律賓國家石油公司─勘採公司（ＰＮＯＣ─ＥＣ）商談，達成協議，簽署了共同勘採開發南海油氣資源意向書。在意向書中規定，雙方同意組成聯合工作委員會，對位於南海適合油氣勘探開發的可能區域進行甄選，並對相關地質、勘探及其技術資料進行審查、評估及評價。此次中菲兩國合作勘探與開發南海油氣資源的嘗試，可說是一個良好的開端。❶

二○○四年九月一日，菲律賓總統艾若育在訪華期間，見證中菲兩國石油公司簽署共同探勘南海石油協議，為期三年，祇探勘石油蘊藏量的研究，不做鑽探開發。菲總統認為這是東協與中國南海行為準則的首個具體措施，將邀越南也加入共同探勘。

二〇〇五年三月十四日，中、菲、越三家石油公司（即中國海洋石油公司、菲律賓國家石油公司和越南石油與天然氣公司）在馬尼拉簽署了「在南中國海協議區三方聯合海洋地震工作協議」。根據協議，三家石油公司將聯手合作，在三年協議期內，收集南海協議區內定量二維和三維地震數據。並對區內現有的二維地震線進行處理。協議合作區總面積超過十四萬平方公里。三家石油公司當天發表的聯合公報稱：這一協議表達了三方聯合考察南海協議區內石油資源儲量，但不會損害各國政府在南海問題上的基本立場。菲律賓總統艾若育對該協議予以高度評價，稱三公司簽署這協議是歷史事件，是實踐「南海各方行為宣言」，以及將南海爭議之海變為和平、穩定、合作之海的具體措施。

中、菲、越三國簽署的協議，其勘測工作是由中國負責數據採集，越南負責數據處理，菲律賓負責最後的數據解讀。三方將保持透明公開的溝通和商討機制，互相監督，形成充分合作的國際團隊。截至二〇〇五年十一月止，三國的勘測工作進行順利，已完成數據的採集工作。將來共同開發石油成功，它將使三國共同受益，並為南海有關國家解決海域爭議樹立良好典範。同時也為促進南海地區的穩定與發展做出歷史性貢獻。

此項聯合探勘協議，是在南沙群島海域十四萬三千平方公里範圍，惟未明確劃定界限。並不影響各自政府對南沙島礁所持的領土主張。據美國政府估計，該地區蘊藏石油約七十億桶，一天可產二百五十萬桶。

二〇〇七年一月十五日，中國總理溫家寶訪問菲律賓，對中國、菲律賓、越南三國在南海共同開發合作取得的階段性成果給予肯定，希望三國儘快就南海共同開發下一階段合作方案進行協商並達成共識，以推動南海共同開發，取得更多實質性進展。❷

二〇〇七年八月一日，東協各會員國外交部長會後在馬尼拉發表聯合公報，呼籲相關國家制定並採納「南中國行為法規」，以確使南沙群島的主權爭議能夠獲得和平解決。他們認為「南中國海行為宣言」體現了區內國家和平解決南沙群島主權爭議的集體承諾，且有效在關係國之間營造了互信及信心，但仍要制定一項行為法規，俾有關國家共同遵行。

註　釋：

❶ 李金明著《南海波濤》第一七八－一七九頁，江西高校出版社。

❷ 舊金山《世界日報》二〇〇七年一月七日新聞報導。

附錄　南海諸島中外地名對照表

序號	群島	標準名稱	漢語拼音	外文名稱	外文譯名	地理座標		漁民習用名稱
						北緯	東經	
1		南海諸島	Nánhǎi Zhūdǎo					
2	東沙	東沙群島	Dōngshā Qúndǎo	Pratas Islands, Pratas Groups, Pratas	蒲拉他士群島			
3	東沙	東沙礁	Dōngshā Jiāo	Pratas Reef	蒲拉他士礁	20°35'-20°47'	116°45'-116°55'	
4	東沙	東沙島	Dōngshā Dǎo	Pratas I.	蒲拉他士島、蒲勒他士、朴勒特司、不臘達斯、西澤島（日）	20°42'	116°43'	月牙島
5	東沙	北衛灘	Běiwei Tān	N. Verker Bank	北維爾濱淺灘	21°04'	115°58'	
6	東沙	南衛灘	Nanwei Tān	S. Verker Bank	南維爾濱淺灘	20°58'	115°55'	
7	東沙	北水道	Běi Shuǐdào	North pass		20°45'	116°43'	
8	東沙	南水道	Nán Shuǐdào	South pass		20°39'	116°42'	
9	西沙	西沙群島	Xīshā Qúndǎo	Tsichow-Islits(中) Seven Islits(中) Paracel Island and Reefs Paracel	帕拉西爾、帕拉賽爾、帕母拉西爾列島、帕拉洗爾、帕喇些路、拍拉蘇、普拉賽爾、拍力西勞士、拔			

				Archipelago Les Iles Paracels(法)	拉賽爾、巴拉賽、黃沙群島(越)、一海神群島(日)			
10	西沙	永樂群島	Yǒnglè Qúndǎo	Yungel I.(中) Grescent Group	忌厘先、忌尼先、格來信脫庫勒生特島、克魯話桑、新月群島(日)	15°46'-17°07'	111°11'-112°06'	西八島 下八島 下峙
11	西沙	北礁	Běi Jiāo	North Reef	那失礁、北砂島、北砂礁、那乎利手	17°05'	111°30'	干豆
12	西沙	金銀島	Jīnyín Dǎo	Chinyin I.(中) Money Island	文尼島、莫尼島、錢島、銀島、錢財島	16°27'	111°31'	尾峙 尾島
13	西沙	羚羊礁	Língyáng Jiāo	Lingyang Chio Rcef Antelope. Reef	安的利礁、安的落島、安的羅卜沙灘	16°28'	111°35'	筐仔 筐仔峙
14	西沙	筐仔沙洲	Kuāngzǎi Shāzhōu	Kuangzi Island	筐仔沙洲	16°27'	111°36'	筐仔嶼
15	西沙	甘泉島	Gānquán Dǎo	Kanchuan I.(中) Robert-Island	羅拔島、羅弼島、羅拔脫島、羅擺特島、毋路擺特島、羅伯特島	16°30'	111°35'	圓峙 圓島
16	西沙	珊瑚島	Shānhú Dǎo	Pattle Island	畢島、筆島、畢杜勞、拔陶爾、八道羅島、巴圖魯島、逼圖爾島、八杜羅島、逼陶爾島	16°32'	111°36'	老粗島 老粗峙
17	西沙	全富島	Quánfù Dǎo			16°35'	111°40'	全富峙 全富曲手

18	西沙	鴨公島	Yāgōng Dǎo			16°34'	111°41'	鴨公嶼 鴨公島
19	西沙	銀嶼	Yín Yǔ	Observation Bank		16°35'	111°42'	銀峙
20	西沙	銀嶼仔	Yínyǔzǎi			16°35'	111°42'	銀峙仔
21	西沙	咸舍嶼	Xiánshě Yǔ			16°33'	111°43'	咸舍 咸且島
22	西沙	石嶼	Shí Yǔ			16°33'	111°45'	石嶼
23	西沙	晉卿島	Jìngīng Dǎo	Drummond Island Damond Island	都蘭芬島、都蘭奔島、杜林門島、杜林芬島、杜羅文島、德拉苧德島	16°28'	111°44'	四江門 四江島 世江峙
24	西沙	琛航島	Chēnháng Dǎo	Chenhang I.(中) Duncan Island Dogan I.	燈擎島、燈群島、登群島、登近島、登島、鄧肯島、鄧鏗島、壇堅島	16°27'	111°43'	三腳 大三腳島 三腳島
25	西沙	廣金島	Guǎngjīn Dǎo	Palm Island	拔晤島、掌島	16°27'	111°42'	三腳嶼 小三腳嶼
26	西沙	玉琢礁	Yùzhuó Jiāo	Vouladdore Shoal Vuladdore Reef Vulador Reef	烏拉多礁、符勒多兒礁、烏力多礁	16°19'-16°22'	111°57'-112°06'	二筐 二塘 二圈
27	西沙	華光礁	Huáguāng Jiāo	Discovery Reef	探出礁、發現礁、發現砂島、地士加佛礁、覓出礁	16°09'-16°17'	111°34'-111°49'	大筐 大塘 大圈
28	西沙	盤石嶼	Pánshī Yǔ	Pasu Keah Passu	巴蘇奇島、巴生忌島、怕	16°02'-	111°45'-	白樹仔

				Keah Passoo Keah Bank	蘇茄島、拍蘇奇島、巴徐峙島	16°05'	111°50'	白峙仔 白礁
29	西沙	中建島	Zhōngjiàn Dǎo	Triton Island	地利頓島、土來塘島、特里屯島、的利東島	15°47'	111°12'	半路 半路峙 螺島
30	西沙	宣德群島	Xuāndé Qúndǎo	Amphitrite-Group	安非土來特群島、鴬非土來特列島、鴬發土來群島、安非的利得群島、鴬非土來特、阿非特里特、安非的利特、安非立脫、奄非地拉	16°49'-17°00'	112°12'-112°21'	上七島 東七島 上峙
31	西沙	永興島	Yǒngxīng Dǎo	Woody Island	武德島、活地島、林島、多樹島、茂林島	16°50'	112°20'	貓注 吧注 貓島
32	西沙	石島	Shí Dǎo	Rcoky Island	小林島、樂忌島、岩島、多岩島、石島	16°51'	111°21'	小巴島
33	西沙	七連嶼	Qīlián Yǔ			16°55'-16°58'	112°19'-112°21'	
34	西沙	東新沙洲	Dōngxīn Shāzhōu			16°55'	112°21'	
35	西沙	西新沙洲	Xīxīn Shāzhōu			16°55'	112°21'	
36	西沙	南沙洲	Nán Shāzhōu	South Sand	南灘	16°56'	112°21'	紅草一 紅草島

37	西沙	中沙洲	Zhōng Shāzhōu	Middle Sand		16°56'	112°21'	紅草二
38	西沙	北沙洲	Běi Shāzhōu	North Sand		16°56'	112°20'	紅草三
39	西沙	南島	Nān Dǎo	South Island	哨石島、南島	16°57'	112°20'	三峙 三島
40	西沙	中島	Zhōng Dǎo	Middle Island	密都爾島、中央島、中島	16°57'	112°19'	石峙 石島
41	西沙	北島	Běi Dǎo	North Island	挪司島、北島	16°58'	112°19'	長峙 長島
42	西沙	趙述島	Zhàoshù Dǎo	Tree Island	的利島、托里島、地利島、樹島、小樹島	16°59'	112°16'	船暗島 船晚島
43	西沙	西沙洲	Xī Shāzhōu	West Sand	西灘	16°59'	112°13'	船暗尾 船晚尾
44	西沙	銀礫灘	Yínli Tān	Iltis Bank	亦爾剔斯灘、立爾斯灘、惟利石灘、伊爾迪斯灘	16°45'-16°48'	112°12'-112°15'	
45	西沙	東島	Dōng Dǎo	Lincoln Island	林康島、林肯島、令個島、連可倫島、玲洲島	16°40'	112°44'	貓興島 巴興 吧興島
46	西沙	西渡灘	Xīdù Tān	Dido Bank	台圖灘、的多石排、梯都、滴多灘、西渡灘、帶渡灘	16°49'	112°54'	
47	西沙	高尖石	Gāojiānshí	Pyramid Rocks	比廉美、卑拉密岩石、破蘭納岩、卑拉密石、錐形	16°35'	112°38	尖石 雙帆

					石、高尖石			
48	西沙	北邊廊	Běibiānláng	Neptune Bank	海神灘、海王灘	16°32'	112°33'	北邊廊 北邊郎
49	西沙	濱湄灘	Bīnméi Tān	Bremen Bank	勃利門灘、比利棉沙、蒲利孟灘、濱湄灘	16°17'- 16°24'	112°20'- 112°33'	三筐大椰 三匡大郎
50	西沙	湛涵灘	Zhànhán Tān	Jehangire Bank	怡衡灘、怡亨之灘、則衡志兒灘	16°25'	112°37'	仙桌 八辛郎
51	西沙	浪花礁	Lànghuā Jiāo	Bombay Reef	孟買礁、傍卑礁、傍俾礁、孟米灘、孟買灘	16°01'- 16°05'	112°26'- 112°36'	三匡 三筐
52	西沙	嵩燾灘	Sōngtāo Tān	Herald Bank	使者灘、先驅灘	15°43'	112°13'	
53	西沙	老粗門	Lǎocūmén			16°31'	111°35'	老粗門
54	西沙	全富門	Quánfùmén			16°33'	111°38'	
55	西沙	銀嶼門	Yínyǔmén			16°35'	111°41'	
56	西沙	石嶼門	Shíyǔmén			16°34'	111°44'	
57	西沙	晉卿門	Jìnqīngmén			16°27'	111°44'	四江門 四江水道
58	西沙	紅草門	Hóngcǎomén			16°53'	112°21'	紅草門
59	西沙	趙述門	Zhàoshùmén	Zappe Pass		16°58'	112°18'	
60	西沙	甘泉門	Gānquánmén	Robert Pass		16°30'	111°35'	
61	中沙	中沙群島	Zhōngshā Qúndǎo	Chunsha Islands (中) Macclesfield Bank	馬克勒斯菲淺灘、密克勒司費灘、馬克爾斯菲爾德			

					、金輪堆(日)			
62	中沙	西門暗沙	Xīmén Ànshā	Siamese Shoal		15°58'	114°03'	
63	中沙	本固暗沙	Běngù Ànshā	Bankok Shoal		16°00'	114°06'	
64	中沙	美濱暗沙	Měibīn Ànshā	Magpie Shoal	馬克派淺灘	16°03'	114°13'	
65	中沙	魯班暗沙	Lǔbān Ànshā	Carpenter Shoal	卡品特淺灘	16°04'	114°18'	
66	中沙	中北暗沙	Zhōngběi Ànshā	Oliver Shoal	奧利夫淺灘、立夫暗沙	16°06'	114°25'	
67	中沙	比微暗沙	Bǐwēi Ànshā	Pigmy Shoal		16°13'	114°44'	
68	中沙	隱磯灘	Yǐnjī Tan	Egeria Bank	伊機立亞灘	16°03'	114°56'	
69	中沙	武勇暗沙	Wǔyǒng Ànshā	Howard Shoal	霍華德淺灘	15°52'	114°47'	
70	中沙	濟猛暗沙	Jìměng Ànshā	Learmonth Shoal	利錨司灘	15°42'	114°41'	
71	中沙	海鳩暗沙	Hǎijiū Ànshā	Plover Shoal		15°36'	114°28'	
72	中沙	安定連礁	Āndìng Lianjiao	Addington Patch		15°37'	114°24'	
73	中沙	美溪暗沙	Měixī Ànshā	Smith Shoal		15°27'	114°12'	
74	中沙	布德暗沙	Bùdé Ànshā	Bassett Shoal	巴士特淺灘	15°27'	114°10'	
75	中沙	波洑暗沙	Bōfú Ànshā	Balfour Shoal	巴爾費淺灘	15°27'	114°00'	
76	中沙	排波暗沙	Páibō Ànshā	Parry shoal	帕里淺灘	15°29'	113°51'	
77	中沙	果淀暗沙	Guǒdiàn Ànshā	Cawston Shoal	利斯頓淺灘	15°32'	113°46'	
78	中沙	排洪灘	Páihóng Tān	Penguin Bank	企鵝暗沙	15°38'	113°43'	
79	中沙	濤靜暗沙	Tāojìng Ànshā	Tancred Shoal	坦克雷德淺灘	15°41'	113°54'	
80	中沙	控湃暗沙	Kòngpài Ànshā	Combe Shoal	庫姆淺灘	15°48'	113°54'	
81	中沙	華夏暗沙	Huáxià Ànshā	Cathay Shoal	卡塞淺灘	15°54'	113°58'	

82	中沙	石塘連礁	Shítáng Líanjīao	Hardy Patches	哈迪利淺灘	16°02'	114°46'	
83	中沙	指掌暗沙	Zhǐzhǎng Ànshā	Hand Shoal	指掌暗沙	16°00'	114°39'	
84	中沙	南扉暗沙	Nánfēi Ànshā	Margesson Shoal	馬杰森淺灘	15°55'	114°38'	
85	中沙	漫步暗沙	Mànbù Ànshā	Walkar Shoal	散步灘	15°55'	114°29'	
86	中沙	樂西暗沙	Lèxī Ànshā	Phillip's Shoal	菲利普斯淺灘	15°52'	114°25'	
87	中沙	屏南暗沙	Píngnán Ànshā	Payne Shoal	佩恩淺灘	15°52'	114°34'	
88	中沙	黃岩島（民主礁）	Huángyán Dǎo (Mínzhǔ Jiāo)	Scarborougy Reef	斯加布羅灘、斯卡巴洛礁	15°08'-15°14'	117°44'-117°48'	
89	中沙	南岩	Nányán	South Rock	南岩、南石	15°08'	117°48'	
90	中沙	北岩	Běiyán	North Rock	北岩	15°14'	117°44'	
91	中沙	憲法暗沙	Xiànfǎ Ànshā	Truro Shoal	脫魯羅灘、特魯路灘	16°20'	116°44'	
92	中沙	一統暗沙	Yītǒng Ànshā	Helen Shoal	懿冷淺	19°12'	113°53'	
93	中沙	神狐暗沙	Shénhú Ànshā	ST. Esprit Shoal	汕・厄士蒲勒特淺灘	19°33'	113°02'	
94	中沙	中南暗沙	Zhōngnán Ànshā	Dreyer Bank	德雷爾淺灘	13°57'	115°24'	
95	南沙	南沙群島	Nánshā Qúndǎo	Spratly I. Spratly Archjpelago Shinan. Gunto(日)	斯巴特列群島、士伯拉里群島、斯潑拉脫萊群島、史伯拉雷群島、斯巴得來群島、斯普拉特利群島、新南群島（日）、長沙群島（越）			
96	南沙	雙子群礁	Shuāngzǐ Qúnjiāo	Two Island North	北危島、北危礁、北險島	11°23'-	114°19'-	雙峙

				Danger Reef N. Danger	、杜錫爾、都斯拉士、北險礁(日)	11°28'	114°25'	
97	南沙	貢士礁	Gòngshì Jiāo	North Reel	北礁	11°28'	114°24'	貢士沙 貢士線
98	南沙	北子島	Běizǐ Dǎo	N. E. Cay Parola(菲)	北東礁、帕洛拉島(菲)、北子島、北子礁、東雙子(越)、北二子島(日)	11°27'	114°22'	奈羅上峙 奈羅線仔
99	南沙	北外沙洲	Běiwài Shāzhōu	Shira Islet		11°27'	114°21'	
100	南沙	南子島	Nánzǐ Dǎo	S. W. Cay	南西礁、南子礁、雙子西島(越)、南二子島(日)	11°26'	114°20'	奈羅下峙 奈羅峙仔
101	南沙	奈羅礁	Nàiluó Jiāo	South Reef		11°23'	114°19'	奈羅線仔
102	南沙	東南暗沙	Dōngnán Ànshā	Sabirme Patches		11°24'	114°22'	
103	南沙	東北暗沙	Dōngběi Ànshā	Day Shoal		11°26'	114°24'	
104	南沙	北子暗沙	Běizǐ Ànshā	Iroquois Ridge		11°26'	114°23'	
105	南沙	永登暗沙	Yǒngdēng Ànshā	Trident Shoal	獨立登灘	11°23'-11°31'	114°38'-114°44'	奈羅角 奈羅谷
106	南沙	樂斯暗沙	Lèsī Ànshā	Lys Shoal	樂斯暗沙、來蘇灘	11°19'-11°22'	114°35'-114°39'	紅草線 南奈羅角
107	南沙	中業群礁	Zhōngyè Qúnjiāo	Thi-tu Reefs Thi-tu Island and Reefs	帝都群礁、干律礁(日)	11°01'-11°06'	114°11'-114°24'	鐵峙群礁
108	南沙	鐵峙礁	Tiězhì Jiāo			11°05'	114°19'	鐵峙線排

								鐵峙鏈排
109	南沙	梅九礁	Méijiǔ Jiāo	Sandy Cay		11°03'	114°19'	梅九
110	南沙	中業島	Zhōngyè Dǎo	Thitu Island Pegasa(菲)	帝都島、帝居島、土杜島、西杜島、鐵道沙、三角島(日)、帕加薩島(菲)、施四島(越)	11°03'	114°17'	鐵峙
111	南沙	鐵線礁	Tiěxiàn Jiāo			11°01'-11°04'	114°11'-114°16'	鐵線
112	南沙	渚碧礁	Zhǔbì Jiāo	Subi Reef	沙比礁、須美礁(日)	10°54'-10°56'	114°04'-114°07'	丑未
113	南沙	道明群礁	Dàomíng Qúnjiāo	Lo aita Bank and Reefs	羅灣礁、賴德州、鳩洲(日)	10°40'-10°55'	114°19'-114°37'	
114	南沙	雙黃沙洲	Shuānghuáng Shāzhōu	Panata(菲)	帕納塔(菲)	10°42'-10°43'	114°19'-114°20'	雙黃
115	南沙	南鑰島	Nányuè Dǎo	Loaita Island south Island of Horsburg Kota(菲)	賴德島、洛愛太島、羅愛島、來都、羅埃島、洛依塔島、科塔島(菲)、類槎島(越)、羅灣島	10°40	114°25'	第三峙
116	南沙	楊信沙洲	Yángxìn Shāzhōu	Lankiam Cay	蘭家島、蘭甘沙灘、蘭家暗礁、瀾干礁(日)、龍堅島(越)	10°43'	114°32'	銅鍋 銅金
117	南沙	庫歸礁	Kùguī Jiāo			10°44'-	114°35'	褲歸

						10°46'		
118	南沙	長灘	Cháng Tān			10°55'- 11°09'	114°37'- 114°49'	
119	南沙	蒙自礁	Méngzì Jiāo	Mengies Reef	孟席斯礁	11°09'	114°48'	
120	南沙	鄭和群礁	Zhènghé Qúnjiāo	Tizard Bank and Reefs Banc Tizard(法)	埸閘灘、地薩爾、堤沙淺灘、堤沙淺洲、低沙灘、堤閘板、提薩爾(法)、鐵沙礁、千里堆(日)	10°09'- 10°25'	114°13'- 114°44'	
121	南沙	太平島	Tàipíng Dǎo	Itu Apa Island Taiping Island(中) Ituapa	伊都阿巴島、伊脫亞巴、伊托阿巴、伊秋伯島、伊塔伯島、長島(日)、波平島(越)	10°23'	114°22'	黃山馬 黃山馬峙
122	南沙	敦謙沙洲	Dūnqiān Shāzhōu	Sandy Cay	凡西島、北小島、山歌島(越)、沙島、北小島(日)	10°23'	114°28'	馬東 黃山馬東
123	南沙	舶蘭礁	Bólán Jiāo	Petley Reef	彼得來礁、東北礁(日)	10°25'	114°35'	高佛
124	南沙	安達礁	Āndá Jiāo	Eldad Reef	依魯德礁、東礁(日)	10°21'	114°42'	銀餅 銀鍋
125	南沙	鴻庥島	Hóngxiū Dǎo	Nam Yit I.(中) Namyit Island	南伊島、南依島、納伊脫島、南謁島(越)	10°11'	114°22'	南乙 南密
126	南沙	南薰礁	Nánxūn Jiāo	Gaven Reef	給予礁、三角礁(日)	10°10'- 10°13'	114°13'- 114°15'	南乙峙仔 沙仔
127	南沙	小現礁	Xiǎoxiàn Jiāo	Discovery Small	小發現礁、小覓出礁、深	10°00'	114°02'	東南角

				Reef	雪礁(日)			
128	南沙	大現礁	Dàxiàn Jiāo	Discovery Great Reef	大發現礁、大覓出礁、大現礁、岩城礁(日)	10°00'-10°08'	113°52'-113°53'	勞牛勞
129	南沙	福祿寺礁	Fúlùsì Jiāo	Western or Flora Temple Reef	福祿寺礁、西石或女神廟石、明神礁(日)	10°14'	113°38'	西北角
130	南沙	唐樂礁	Kānglè Jiāo	Comnjallis Reef	康樂里礁	10°00'	114°23'	
131	南沙	九章群礁	Jiǔzhāng Qúnjiāo	Union Banks and Reefs	聯合灘、屈原灘(中)、金輪灘(日)	9°42'-10°00'	114°15'-114°40'	九章
132	南沙	景宏島	Jǐnghóng Dǎo	Sin Cown Island	辛科威島、生存島(越)、飛鳥島(日)	9°53'	114°20'	秤鈎
133	南沙	南門礁	Nánmén Jiāo	Edmund Reef	埃德門德礁	9°54'	114°24'	南門
134	南沙	西門礁	Xīmén Jiāo	Mckemun Reef	姆肯南礁	9°54'	114°28'	西門
135	南沙	東門礁	Dōngmén Jiāo	Hughs Reef	哈格里斯礁	9°55'	114°30'	東門
136	南沙	安樂礁	Ānlè Jiāo	Hallat Reef	霍累持礁	9°56'	114°31'	
137	南沙	長線礁	Chángxiàn Jiāo	Holiday Reef	霍利得礁	9°58'	114°34'	長線
138	南沙	主權礁	Zhǔquán Jiāo	Empire Reef	思派厄礁	9°58'	114°35'	
139	南沙	牛軛礁	Niú'è Jiāo			9°57'-10°00'	114°36'-114°40'	牛軛
140	南沙	染青東礁	Rǎnqīng Dōngjiāo	Ross Reef	螺獅礁	9°54'	114°36'	
141	南沙	染青沙洲	Rǎnqīng Shāzhōu	Gralarson Reef	格里厄森礁	9°54'	114°34'	染青峙

142	南沙	龍蝦礁	Lóngxiā Jiāo	Bamford Reef	巴姆福德礁	9°53'	114°32'	
143	南沙	扁參礁	Biǎnshēn Jiāo	Tethey Reef	特特累礁	9°52'	114°31'	
144	南沙	漳溪礁	Zhāngxī Jiāo	James Reef	卓尼斯礁	9°50'	114°28'	
145	南沙	屈原礁	Qūyuán Jiāo	Higgen Reef	希根礁	9°48'	114°24'	
146	南沙	瓊礁	Qióng Jiāo	Lanstowne Reef	隆斯頓礁	9°46'	114°22'	
147	南沙	赤瓜礁	Chìguā Jiāo	Johnson Reef	約翰遜礁	9°42'	114°17'	赤瓜線
148	南沙	鬼喊礁	Guǐhǎn Jiāo	Collins Reef	科林茲礁	9°45'	114°15'	鬼喊線
149	南沙	華礁	Huá Jiāo	Loveless Reef	拉弗利斯礁	9°51'	114°16'	秤鈎線
150	南沙	吉陽礁	Jíyáng Jiāo	Gent Reef	詹特礁	9°52'	114°17'	
151	南沙	泛愛暗沙	Fàn'Ài Ànshā	Fancy Wreck Shoal	破扇灘	9°43'	114°40'	
152	南沙	伏波礁	Fúbō Jiāo	Ganges Reef	干機斯灘	9°23'	114°11'	
153	南沙	永暑礁	Yǒngshǔ Jiāo	Fierv Cross N. W. Investigator Reef	十字火礁、西北調查礁	9°30'-9°40'	112°53'-113°04'	上戊
154	南沙	消遙暗沙	Xiāoyáo Ànshā	Dhaulle Shoal	道勒淺灘	9°28'	112°24'	
155	南沙	火艾礁	Huǒ'ài Jiāo	Iriing Reef	厄溫礁	10°53'	114°56'	火哀
156	南沙	西月島	Xīyuè Dǎo	West York I. Jikae(菲)	西約克島、西逸島、西樂島、吉凱(菲)、西青島(日)	11°05'	115°02'	紅草峙
157	南沙	馬歡島	Mǎhuān Dǎo	Nanshan I. Lanak(菲)	南山島、拉納克(菲)、南洋島(日)	10°44'	115°48'	大羅孔 羅孔
158	南沙	費信島	Fèixìn Dǎo	Flat Island Patag	扁島、平島、龜甲島(日)	10°49'	115°50'	羅孔仔

				Flat(菲)	、帕塔克島、弗拉特島(菲)			
159	南沙	和平暗沙	Hépíng Ànshā			10°53'	115°55'	
160	南沙	火星礁	Huǒxīng Jiāo	Hopkins Reef	霍普金斯礁	10°48'	116°06'	
161	南沙	大淵灘	Dàyuān Tān			11°04'-11°44'	116°02'-116°20'	
162	南沙	五方礁	Wǔfāng Jiāo	Jackson Atoll	捷勝礁	10°27'-10°32'	115°42'-115°48'	五孔 五風
163	南沙	五方尾	Wǔfāng Wěi			10°27'	115°44'	
164	南沙	五方南	Wǔfāngnán			10°27'	115°47'	
165	南沙	五方西	Wǔfāngxī			10°30'	115°43'	
166	南沙	五方北	Wǔfāngběi			10°32'	115°44'	
167	南沙	五方頭	Wǔfāngtóu			10°32'	115°48'	
168	南沙	潯江暗沙	Xúnjiāng Ànshā	Shinko Shoal	深江礁(日)	10°28'	116°00'	
169	南沙	半路礁	Bànlù Jiāo	Hardy Reef	哈迪礁、先鋒礁	10°08'	116°08'	半路 半路線
170	南沙	南方淺灘	Nánfāng Qiǎntān	Southern Bank Southern Shoal	南方淺灘、濱代堆(日)	10°15'-10°41'	116°27'-116°57'	
171	南沙	東坡礁	Dōngpō Jiāo	Pennsyivania-S. Reef	南拼素崩那礁、拼爾法尼亞礁	10°23'	116°34'	
172	南沙	棕灘	Zōng Tān	Brown Bank	棕灘、棕色灘	10°42'	117°23'	

173	南沙	寶灘	Bǎo Tān			10°30'	116°40'	
174	南沙	東華礁	Dōnghuá Jiāo	Foulerton		10°33'	116°56'	
175	南沙	彬礁	Bīn Jiāo			10°34'	116°59'	
176	南沙	安塘灘	Āntáng Tān	Amy Douglas Banks	安塘淺灘	10°36'-11°00'	116°09'-116°33'	
177	南沙	安塘礁	Āntáng Jiāo	Amy Douglas Island	安塘礁、亞米篤古拉礁、平根礁(日)	10°53'	116°26'	
178	南沙	鱟藤礁	Hòuténg Jiāo	Iraquois Reef	伊羅克澳伊斯礁、蓬萊礁	10°37'	116°10'	鱟藤
179	南沙	鞏珍礁	Gǒngzhēn Jiāo	Baker Reef	百克礁	10°43'	116°10'	
180	南沙	禮樂灘	Lǐyuè Tān	Reed Bank	盧灘、赤江礁(日)、里德灘(菲)	11°06'-11°55'	116°22'-117°20'	
181	南沙	雄南礁	Xióngnán Jiāo	Marie Louise	瑪利・路易斯礁	11°55'	116°47'	
182	南沙	陽明礁	Yangmíng Jiāo	Pennsylvania-N. Reef	北拼素崩那礁	10°48'	116°51'	
183	南沙	禮樂南礁	Lǐyuè Nánjiāo	North Reef	北礁、鳴鍾礁(日)	10°51'	116°40'	
184	南沙	紫灘	Zǐ Tān	Wood Bank	伍德淺灘、柴灘	10°36'	117°11'	
185	南沙	莪蘭暗沙	Élán Ànshā	Lord Auckland Shoal	勒奧古林灘	10°20'	117°17'	
186	南沙	紅石暗沙	Hóngshí Ànshā	Carnatic Shoal	加那的灘	10°06'	117°21'	
187	南沙	仙后灘	Xiānhòu Tān	Fairie Queen	非利拼灘	10°38'	117°38'	
188	南沙	忠孝灘	Zhōngxiào Tān	Templier Bank	廟灘、坦普利爾灘	11°01'	117°17'	

189	南沙	勇士灘	Yǒngshì Tān	Leslie Bank	累斯利淺灘、力士淺灘	11°05'	117°28'	
190	南沙	神仙暗沙	Shénxiān Ànshā	Sandy Shoal	沙灘、桑迪暗沙	11°02'	117°38'	
191	南沙	海馬灘	Hǎimǎ Tān	Sea Horse Or South Bank	錫霍斯淺灘	10°43'-10°51'	117°44'-117°50'	
192	南沙	北恒礁	Běihéng Jiāo	Ganges N. Reef	北干機斯灘	10°33'	115°09'	
193	南沙	恒礁	Héng Jiāo	Ganges Reef	干機斯灘	10°20'	115°04'	
194	南沙	孔明礁	Kǒngmíng Jiāo	Pennsylvania South Reef	南拼素崩那礁	9°59'	115°10'	
195	南沙	三角礁	Sānjiǎo Jiāo	Livock Reef	利澳克礁、二見礁（日）	10°10'-10°13'	115°16'-115°19'	三角 三角礁
196	南沙	祿沙礁	Lùshā Jiāo	Hopps Reef	鶴礁、霍普斯礁	10°14'	115°22'	祿沙 一線
197	南沙	美濟礁	Měijì Jiāo	Mischief Reef	惡礁、三門礁（日）	9°52'-9°56'	115°30'-115°35'	雙門 雙沙
198	南沙	仙娥礁	Xiān'é Jiāo	Alicia Annie Reef	亞利斯亞安尼礁、有明礁（日）	9°22'-9°26'	115°26'-115°28'	
199	南沙	信義礁	Xìnyì Jiāo	First Tomas Shoal	湯姆斯第一灘、南富礁（日）	9°20'-9°21'	115°54'-115°58'	雙挑 雙擔
200	南沙	海口礁	Hǎikǒu Jiāo	Investigator N. E. Shoal	東北調查礁、查探礁	9°11'	116°27'	腳跋
201	南沙	半月礁	Bànyuè Jiāo	Half Moon Shoal	半月灘、花粟礁	8°54'	116°17'	海公

202	南沙	艦長礁	Jiànzhǎng Jiāo	Royal Captain Shoal	無勞加比丹礁、無勞加比丹灘	9°02'	116°40'	石龍
203	南沙	仁愛礁	Rén'ài Jiāo	Second Tomas Shoal	湯姆斯第二灘	9°39'-9°48'	115°51'-115°54'	斷節
204	南沙	仙賓礁	Xiānbīn Jiāo	Sabina Shoal	西賓那灘	9°43'-9°49'	116°25'-116°37'	魚鱗
205	南沙	鍾山礁	Zhōngshān Jiāo			9°46'	116°44'	
206	南沙	立新礁	Lìxīn Jiāo		立神礁(日)	9°51'	116°35'	
207	南沙	牛車輪礁	Niúchēlún Jiāo	Boxall Reef	莫克塞爾礁、百色礁	9°36'	116°10'	牛車英
208	南沙	片礁	Piàn Jiāo			9°32'	116°24'	
209	南沙	蓬勃暗沙	Péngbó Ànshā	Bombay Shoal	傍俾灘、傍俾哨	9°27'	116°56'	東頭乙辛
210	南沙	指向礁	Zhǐxiàng Jiāo	Director Rock	方向礁	8°28'	115°55'	
211	南沙	南樂暗沙	Nānlè Ànshā	Glasgow Shoal	格拉斯哥礁	8°29'	115°31'	
212	南沙	校尉暗沙	Xiàowèi Ànshā	North East Shoal	東北社礁	8°30'	115°14'	
213	南沙	都護暗沙	Dūhù Ànshā	North Viper Shoal	北毒蛇灘	8°02'	115°23'	
214	南沙	保衛暗沙	Bǎowèi Ànshā	South Viper Shoal	南毒蛇灘	7°30'	115°00'	
215	南沙	司令礁	Sīlìng Jiāo	Commodore-Reef	司令礁、中瀨礁(日)	8°22'-8°24'	115°11'-115°17'	眼鏡
216	南沙	雙礁	Shuāng Jiāo			8°20'	115°24'	
217	南沙	石龍岩	Shílóngyán	Observation Rock		9°02'	116°39'	
218	南沙	乙辛石	Yǐxīnshí	Madagasear Rock		9°27'	116°56'	

219	南沙	無也礁	Wúmiē Jiāo	Tennent Reef	天蘭礁	8°50'- 8°53'	114°38'- 114°41'	無也線
220	南沙	玉諾礁	Yùnuò Jiāo	Cay Marino	馬林諾暗礁	8°30'	114°21'	
221	南沙	南華礁	Nánhuá Jiāo	Cornwallis South Reef	南康華里礁	8°40'- 8°46'	114°10'- 114°12'	惡落門
222	南沙	六門礁	Liùmén Jiāo	Alison Reef		8°46'- 8°50'	113°54'- 114°13'	六門 六門沙
223	南沙	石盤仔	Shípánzǎi	Maralie Reef		9°12'	113°40'	
224	南沙	畢生礁	Bìshēng Jiāo	Pearson Reef	披爾遜島	8°56'- 8°59'	113°39'- 113°44'	石盤
225	南沙	榆亞暗沙	Yùyà Ànshā	Investigation-Shoal	調查礁	8°07'- 8°14'	114°30'- 114°50'	深匡
226	南沙	二角礁	Èrjiǎo Jiāo			8°12'	114°42'	二角
227	南沙	浪口礁	Làngkǒu Jiāo			8°08'	114°33'	浪口
228	南沙	線頭礁	Xiàntóu Jiāo			8°08'	114°48'	線排頭
229	南沙	金吾暗沙	Jīnwú Ànshā	South West-Shoal	西南社礁	7°59'	114°52'	
230	南沙	普寧暗沙	Pǔníng Ànshā	Uss Plymouth		7°35'	114°39'	
231	南沙	簸箕礁	Bòjī Jiāo	Erica Reef	利嘉礁	8°06'	114°08'	簸箕
232	南沙	安渡灘	Āndù Tān	Ardasier-Breakers Ardasier Bank	安達息破礁，安打西亞灘 、阿拉西亞灘	7°35'- 7°57'	113°55'- 114°30'	
233	南沙	破浪礁	Pòlàng Jiāo	Gloucester Breakers	格老色斯德破礁	7°49'	114°14'	

234	南沙	光星礁	Guāngxīng Jiāo	Dallas Reef	達拉斯礁、大獺礁、南礁(日)	7°36'-7°38'	113°45'-113°50'	大光星
235	南沙	光星仔礁	Guāngxīngzǎi Jiāo	Ardasier	阿達西厄礁	7°37'	113°56'	光星仔
236	南沙	息波礁	Xībō Jiāo	Ardasier Breakers	安達息破礁	7°57'	114°02'	
237	南沙	南海礁	Nánhǎi Jiāo	Mariveles Reef	馬立夫礁	7°56'-8°00'	113°53'-113°58'	銅鍾
238	南沙	柏礁	Bǎi Jiāo	Barque Canada Reef	霸加拿大礁	8°04'-8°17'	113°15'-113°23'	海口線
239	南沙	單柱石	Dānzhùshí	Lizzie Webber Reef	立沙礁	8°04'	113°15'	單柱
240	南沙	鳥魚錠石	Niǎoyúdìngshí			8°16'	113°22'	鳥魚錠
241	南沙	安波沙洲	Ānbō Shāzhōu	Amboyne Amboyna Cay	安波那島、安布畦、安波那暗礁、安波沙洲、安邦島(越)、丸島(日)	7°53'	112°56'	鍋蓋峙
242	南沙	隱遁暗沙	Yǐndùn Ànshā	Stags Shoal	斯塔格司灘	8°27'	112°57'	
243	南沙	尹慶群礁	Yǐnqìng Qúnjiāo	London Reefs	零丁群礁、零丁礁、鐵礁(日)	8°48'-8°55'	112°12'-112°53'	
244	南沙	華陽礁	Huáyáng Jiāo	Cuarteron-Reefs	克德郎礁	8°51'-8°52'	112°50'-112°53'	銅銃仔
245	南沙	東礁	Dōng Jiāo	East Reef East London Reef	東礁、東零丁礁	8°48'-8°50'	112°34'-112°40'	大銅銃

246	南沙	中礁	Zhōng Jiāo	Central Reef	中央礁	8°55'	112°22'	弄鼻仔
247	南沙	西礁	Xī Jiāo	West Reef West London-Reef	西礁、西零丁礁	8°49'-8°53'	112°12'-112°17'	大弄鼻
248	南沙	南威島	Nánwēi Dǎo	Namwei I.(中) Spratly I. Tempete (法)	斯潑拉脫萊島、斯巴拉脫島、斯巴特列島、斯巴拉脫萊島、丹伯特島(法)、西鳥島(日)、長沙島(越)	8°39'	111°55'	鳥仔峙
249	南沙	日積礁	Rìjī Jiāo	Ladd Reef	拉德礁	8°39'-8°40'	111°39'-111°42'	西頭乙辛
250	南沙	康泰灘	Kāngtài Tān	Coronation Bank	加冕灘	9°21'	111°44'	
251	南沙	朱應灘	Zhūyìng Tān	Jubilee Bank	久比利淺灘、快樂灘	8°32'	111°28'	
252	南沙	奧援暗沙	Àoyuán Ànshā	Owen Shoal	大瀨(日)、灣灘	8°09'	111°58'	
253	南沙	碎浪暗沙	Suìlàng Ànshā			7°11'	114°49'	
254	南沙	南薇灘	Nánwēi Tān	Rifleman Bank	來福門灘	7°31'-7°57'	111°32'-111°46'	
255	南沙	蓬勃堡	Péngbóbǎo	Bombay Castle	傍俾炮台灘、浪花堡礁	7°56'	111°44'	
256	南沙	常駿暗沙	Chángjùn Ànshā	Johnson Patch	莊臣怕餘、約翰遜灘	7°46'	111°34'	
257	南沙	金盾暗沙	Jīndùn Ànshā	Kingston- Shoal	頃士登灘	7°32'	111°32'	
258	南沙	奧南暗沙	Àonán Ànshā	Orleana Shoal	阿利那灘	7°42'	111°45'	
259	南沙	廣雅灘	Guǎngyǎ Tān	Prince of-Wales Bank	比鄰無畏灘	8°08'	110°31'	

260	南沙	人駿灘	Rénjùn Tān	Alexandra-Bank	埃勒生達灘	7°58'-8°02'	110°35'-110°38'	
261	南沙	李準灘	Lĭzhŭn Tān	Grainger Bank	格棱澤灘	7°46'-7°50'	110°26-110°31'	
262	南沙	西衛灘	Xīwèi Tān	Prince Consort Bank	比鄰康索灘	7°52'	109°58'	
263	南沙	萬安灘	Wàn'ān Tān	Vanguard-Bank	前衛灘	7°28'-7°33'	109°36'-109°57'	
264	南沙	彈丸礁	Dànwán Jiāo	Swallow Reef	燕子礁、鵲礁(日)	7°23'	113°50'	石公厘
265	南沙	皇路礁	Huánglù Jiāo	Royal Charlotte Reef	別名：南天礁、無勞柴樂礁	6°57'	113°35'	五百二
266	南沙	南通礁	Nántōng Jiāo	Louisa Reef	路易薩礁	6°20'	113°14'	丹積丹節
267	南沙	北康暗沙	Bĕikāng Ànshā	North Luconia Shoals	北盧康尼亞灘	5°22'-5°59'	112°22'-112°36'	
268	南沙	盟誼暗沙	Méngyí Ànshā	Friendship Shroal	友誼灘	5°57'	112°32'	
269	南沙	義淨礁	Yìjìng Jiāo	Altken Reef	愛特干礁	5°54'	112°33'	
270	南沙	海康暗沙	Hăikāng Ànshā	Hardle Reef	哈爾迪淺灘	5°56'	112°31'	
271	南沙	法顯暗沙	Făxiăn Ànshā	Buck Reef	百克礁	5°45'	112°33'	
272	南沙	康西暗沙	Kāngxī Ànshā	Moody Reef	木迪淺灘	5°38'	112°22'	
273	南沙	北安礁	Bĕi'ān Jiāo	Tripp Reef	特里普灘	5°39'	112°32'	
274	南沙	南安礁	Nán'ān Jiāo	Sea-horse Breaker	破海馬破灘	5°32'	112°35'	

275	南沙	南屏礁	Nánpíng Jiāo	Hayes Reef	南屏礁	5°22'	112°38'	墨瓜線
276	南沙	南康暗沙	Nánkāng Ànshā	South Luconia Shoals	南盧康尼亞灘	4°41'- 5°07'	112°28'- 112°56'	
277	南沙	隱波暗沙	Yǐnbō Ànshā	Connell Reef	康內爾礁、康寧礁	5°06'	112°34'	
278	南沙	海安礁	Hǎi’ān Jiāo	Stigant Reef	斯特甘特礁	5°02'	112°30'	
279	南沙	瓊台礁	Qióngtái Jiāo	Luconia-Breakers	陸康利亞淺灘、裕康礁	4°59'	112°37'	
280	南沙	潭門礁	Tánmén Jiāo	Richmond-Reef	里奇門礁	5°04'	112°43'	
281	南沙	海寧礁	Hǎiníng Jiāo	Her ald Reef	先驅礁	4°57'	112°37'	
282	南沙	澄平礁	Chéngpíng Jiāo	Sterra Blanca		4°51'	112°32'	
283	南沙	歡樂暗沙	Huānlè Ànshā	Comus Shoal	科木斯暗沙	5°01'	112°56'	
284	南沙	曾母暗沙	Zēngmǔ Ànshā	James Shoal	詹姆沙、詹姆灘	3°58'	112°17'	沙排
285	南沙	中水道	Zhōng Shuǐdào			11°27'	114°20'	
286	南沙	鐵峙水道	Tiězhì Shuǐdào			11°03'	114°18'	
287	南沙	南華水道	Nánhuá Shuǐdào			8°40' 9°55' 10°55'	116°30' 113°15' 112°35'	

原編者按：本表中南海諸島地名的標準名稱、漢語拼音和漁民習用名稱，完全引自 1983 年 4 月 24 日中國地名委員會授權公布我國南海諸島標準地名的資料；地理座標位置是根據廣東省人民政府 1982 年 8 月上報給中國地名委員會的資料；外文名稱和外文譯名主要參照 1935 年水陸地圖審查委員會和 1947 年內政部公布南海諸島地名以及其他一些書刊的叫法和譯法。

資料來源：來自李金明著《中國南海疆域研究》書中轉載韓振華主編《我國南海諸島史料匯編》，東方出版社，1988 年出版。

國家圖書館出版品預行編目資料

南海諸島主權爭議述評

沈克勤著. – 初版. – 臺北市：臺灣學生，2009.04
面；公分

ISBN 978-957-15-1454-3 (精裝)
ISBN 978-957-15-1453-6 (平裝)

1. 南海問題 2. 領土主權

578.193 98004725

南海諸島主權爭議述評

著作者：沈克勤
出版者：臺灣學生書局有限公司
發行人：盧保宏
發行所：臺灣學生書局有限公司
臺北市和平東路一段一九八號
郵政劃撥戶：〇〇〇二四六六八號
電話：(〇二)二三六三四一五六
傳真：(〇二)二三六三六三三四
E-mail：student.book@msa.hinet.net
http://www.studentbooks.com.tw

本書局登記證字號：行政院新聞局局版北市業字第玖捌壹號

印刷所：長欣彩色印刷公司
中和市永和路三六三巷四二號
電話：二二二六八八五三

定價：精裝新臺幣四〇〇元
平裝新臺幣三〇〇元

西元二〇〇九年四月初版

57802

ISBN 978-957-15-1454-3 (精裝)
ISBN 978-957-15-1453-6 (平裝)